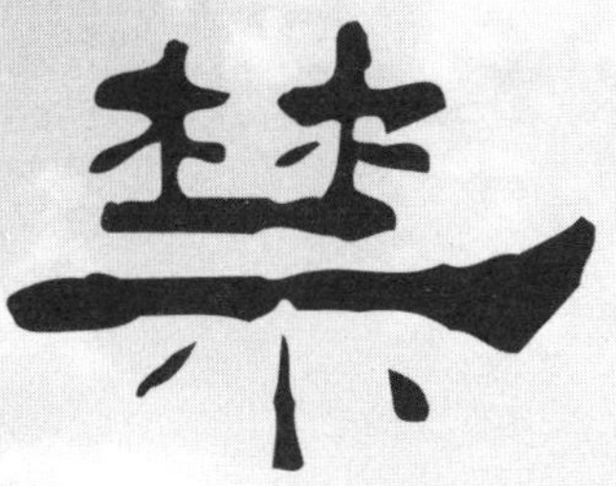

禁宮心計

博希 著

從來不是講道義的地方

深宮內，

序言

圍城之內　抿滅人性

後宮從來無真情，最是無情帝王家：宮女的鬥爭、權臣的陰謀、皇帝的死穴、太后的秘密，乃至皇族的同室操戈……政治鬥爭在皇宮中未有一天停止過。

九宗宮廷鬥爭，殺機滿溢的深宮心計：

公元一一四一年，宋高宗趙構下了一道聖旨：將宋徽宗的女兒（公主柔福帝姬）斬首於東市。宋高宗因何要殺掉自己的姐姐？

開皇二十年（六00年）十一月二日，太子楊勇看著隋文帝派來要他去武德殿的使者，驚恐地說：「父皇難道真想殺我？」

武德九年（公元六二六年）由秦王李世民發動，史學家將之稱為「大唐宮廷第一血案」的玄武門之變。李世民是出於自保，還是泯滅人性不顧親情？

胡惟庸當了宰相，執政僅兩年半便被殺。野史裡有一個關於「雲奇告變」的故事。是誰製造了胡惟庸案？

晚清歷史上有兩個驚心動魄的時刻：一個是光緒帝死亡，終年三十七歲。另一個是慈禧太后在儀鸞殿死亡。光緒帝死亡之謎，可曾真相大白？

黑衣人手裡拿著一塊玉璧，放到使者手裡。使者狐疑接過，未及開口之際，對方就搶先說：「今年祖龍死！」一個神秘預言，令秦始皇離奇死亡……

夜半時分，東王府中忽然闖進大批兵將，他們不論男女老幼見人就斬，逢人便殺。只要凡是活物，都無一幸免。這家人，竟是太平天國權傾一時的家庭！

開寶九年，宋太祖趙匡胤突然命人召晉王趙光義入宮。趙光義趕到後，宋太祖退下左右侍從，獨自與趙光義酌酒對飲。稍後，宋太祖便忽然逝世……

有「庸君」之稱的南宋第三位皇帝宋光宗，如何在宮中的爾虞我詐中苟且偷生？

歷史乃由人創造，卻同時改變人的命運。歷史既給予許多人機會，使他們成為名垂千古的大英雄，同時也無情地把一些人的美夢粉碎，逼使他們走上末路。《禁宮心計》精選九宗慘烈的宮廷鬥爭，把人類最無情最卑劣的智謀呈現於讀者眼前。

目錄

目錄

終局

宋光宗的死亡筆記

以下是有「庸君」之稱的南宋第三位皇帝宋光宗當仍是太子時的心底話，從中我們可以透視他如何在宮中的爾虞我詐中苟且偷生……

心計

韋貴妃為掩秘史殺真公主

公元一一四一年，宋高宗趙構下了一道聖旨：將宋徽宗的女兒（公主柔福帝姬）斬首於東市。

這道聖旨，並未引起朝廷大臣和官員的猜疑。因在此之前，宋高宗已經查明，這柔福帝姬是行騙十多年的冒牌公主，若不是南宋和金國簽訂《紹興和議》，讓高宗的母親韋太后從金國回到金城，自己還蒙在鼓裡。聖旨一下，假公主柔福帝姬人頭落地。

不過，據《四朝聞見錄》和《隨國隨筆》等史書記載，老宮女和宦官馮益等人，明明斷定這個柔福帝姬是真公主。至於「冒牌貨」的來歷，完全是韋貴妃為了陷害她而惡意編造的故事。

韋貴妃想隱瞞什麼？

可憐的柔福帝姬，是戰爭戰利品，是敵人的玩物，更是朝廷名譽的犧牲品。

宋高宗趙構。

我們就從假柔福帝姬回到京城說起：

十一年前，也就是南宋高宗建炎四年（公元一一三〇年），宋高宗的官軍在一次剿匪的軍事行動中，俘虜了一個土匪的女眷，當即就要殺掉。出人意料的是，這個女眷自稱自己是柔福帝姬。這下官軍將領驚呆了，這個柔福帝姬可是宋徽宗的公主，宋高宗的妹妹。於是，趕緊把她護送回京城臨安。

她就是我妹妹？

宋高宗與他這個妹妹闊別十年，但他確實記得宋徽宗有個公主，原名叫瑗瑗。是王貴妃所生。被封為柔福帝姬。

十年時間，宋高宗當然記不得柔福帝姬的相貌、身材和生活習慣。怎麼驗明正身呢？他叫以前徽宗的老宮女和宦官來驗明正身。老宮女一見柔福帝姬，覺得相貌很像，以宮中的一些舊事來提問，就像答辯一樣。這個柔福帝姬居然對答如流，圓滿過關。更令人驚異的是，她居然能叫出宋高宗乳名。宦官馮益也指認這個柔福帝姬是真的公主。據《宋史・宦者列傳・馮益》中記載：「先是，偽柔福帝姬之來，自稱為王貴妃季女，益自言嘗在貴妃合，帝遣之驗視，益為所詐，遂以真告。

宋高宗皇后吳皇后。

及事覺，益坐驗視不實，送昭州編管，尋以與皇太后聯姻得免。」

即便如此，這個柔福帝姬還存在一個疑點——她的雙腳，是一雙大腳。而據老宮女們回憶，柔福帝姬應該是一雙纖細而精緻的小腳。關於腳的問題。回歸的柔福帝姬作了以下解釋：

「金人驅逐牛羊，乘間逃脫，赤腳奔走到此，山河萬里，豈能尚使一雙纖足，仍如舊時模樣？」就是說，我趁金國人驅逐牛羊的機會逃脫，光腳走了萬里，跋山涉水，怎麼可能還是一雙小腳呢？

有一本書叫《鶴林玉露》，書中記載：「柔福帝姬至，以足大疑之。顰蹙曰：金人驅迫，跣行萬里，豈複故態。上為側然。」上就是宋高宗，他聽了柔福帝姬這番講述之後，很動感情。於是，宋高宗不再懷疑，下詔讓她入宮，授予福國長公主的稱號。又特地挑選一個丈夫，永州防禦使高士褭，賜予嫁妝一萬八千緡。此後寵愛有加，先後賞賜達四十七萬九千緡。

可是，公元一一四一年，高宗母親韋貴妃回到京城，指出現在柔福帝姬是個假冒貨。

宋高宗下旨將柔福帝姬斬首。

描繪宋高宗與其弟和宰相的蹴鞠嬉戲場面的《蹴鞠圖》。

柔福帝姬早已死了

韋貴妃的理由是什麼呢？她說，柔福帝姬早已在金國病故。怎麼會憑空又出來一個？宋高宗便向母親訴說了柔福帝姬逃回京城的一切情況。韋貴妃說，金人都在笑話你，你買回了一個「顏子」。

這「顏子」有個由來，開封城裡有個顏家巷。巷裡有一家松漆店，賣紙糊的各種器具，樣式新穎精美，但因為是紙糊的，無法使用。所以當時說這些東西是「顏子」，意思就是假貨。

宋高宗母親韋貴妃回京，直指公主柔福帝姬是冒牌貨。

那麼，韋貴妃的話是真是假？柔福帝姬是早已死了，還是果真逃脫？只有兩種可能：要麼是韋貴妃在說謊，要麼皇宮裡的柔福帝姬是個假貨，是個騙子。

首先，我們得知道真實的柔福帝姬是如何到金國。那時候，宋徽宗和宋欽宗是個什麼遭遇。歷史上著名的「靖康之恥」，就發生在當時。

洗不淨的身體

靖康二年（公元一一二七年），宋徽宗和宋欽宗這兩個皇帝，還有他們的皇后、嬪妃、皇子、公主等宗室貴戚、大臣等人，都被金軍押送到了北方，人數多達三〇〇〇餘人。

這個時候是農曆四月，北方氣候還非常寒冷。這些俘虜的待遇可從吃、穿和做三個方面來展示：

吃：俘虜在金國就是奴隸。他們的口糧是每人每月發五鬥稗子，稗子是一種外觀像水稻的雜草，營養價值雖然比較高，卻是馬、牛、羊均最愛吃的。這個東西當人的口糧，只能舂了再吃。這五鬥的稗子，舂完後實際的分量只有一鬥八升。根本無法填飽肚子。

穿：宋徽宗、宋欽宗及其皇后鄭氏、朱氏衣衫單薄，天寒地凍，無法入睡，唯一可以取暖的方式就是燒茅草和柴火。非常可憐。只能自己織麻衣，這些皇宮貴族都是養尊處優的人，個個都很嬌氣，根本不會自己動手豐衣足食。所以，他們大多沒衣服可以穿，長年累月都是裸體。

做：做什麼呢？男俘虜做奴隸，女俘虜做妓女，做金軍將士的慰安婦。金國皇帝親自來分配，美貌的宮女，乃至嬪妃、公主，五〇餘人都受到各種各樣的凌辱。在這之中，就有宋徽宗的公主柔福帝姬。

柔福帝姬被押送金國的時候一七歲，還未出閣。她是宋徽宗的第十個女兒。金軍中的軍士有心將柔福帝姬獻給金太宗。可是，金太宗見到柔福帝姬卻沒有半點興趣。原因可能有三個：

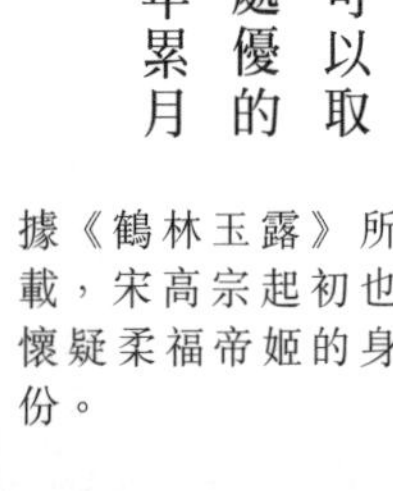
鶴林玉露卷之一

廬陵羅大經

真正英雄

據《鶴林玉露》所載，宋高宗起初也懷疑柔福帝姬的身份。

一、金太宗嫌棄柔福帝姬不夠美貌。

二、在押送途中已被淩辱，根本沒資格繼續服侍金太宗。

三、柔福帝姬不討好金太宗。

這三個原因究竟是哪一個並不重要，重要的是，柔福帝姬將會迎來什麼樣的遭遇？

野史記載，她被送往了上京院的「浣衣院」。這個「浣衣院」不是洗衣服的地方，是金國人的官方妓院，專供金人娛樂，有點兒奉旨嫖娼的意思。

《呻吟語》一書中說：「嬪妃王妃帝姬宗室婦女均露上體，披羊裘。」可見，當時被送進「浣衣院」的不單是柔福帝姬一個女人。其中還有後來的宋高宗趙構的妻子邢秉懿，還有他的母親韋貴妃。

韋貴妃的殺人計劃

這些南宋皇宮女人淪為金國人的發洩工具。柔福帝姬在「浣衣院」生活了幾年。據《宋史．公主列傳》記載：「柔福在五國城，適徐還而薨。柔福薨在紹興十一年，從梓宮來者以其骨至，葬之，追

要數抗金名將，最有名的是岳飛。圖為岳飛被迫班師，百姓哭別他的情況。

宋金之間的戰爭維持多年。

封和國長公主。」

「薨」就是死。紹興十一年，就是公元一一四一年，從時間計算，柔福帝姬死亡時才三一歲。她在「浣衣院」飽受凌辱和折磨時，被人獻給蓋天大王完顏宗賢，不知出於什麼原因，完顏宗賢也不喜歡她，就在五國城中挑了一名漢人男子，名叫徐還，讓這個人娶了柔福帝姬。也算柔福帝姬運氣好，從此結束非人待遇的妓女生活。

誰知道，這一段記錄卻成了「真柔福帝姬」被殺的依據?當年，與柔福帝姬同在「浣衣院」中的，有趙構妻子和他的生母韋貴妃。韋貴妃回朝，尊封為「顯仁太后」。為了掩蓋自己在「浣衣院」所受的屈辱和糟蹋，於是，她讓宋高宗將「真柔福帝姬」處死，意圖在於滅口。

既是謊言，就要編得像真的一樣

那麼，如果說公元一一四一年宋高宗下令殺死的柔福帝姬，是個「顏子」，是個冒牌貨。其中存在兩個疑問。

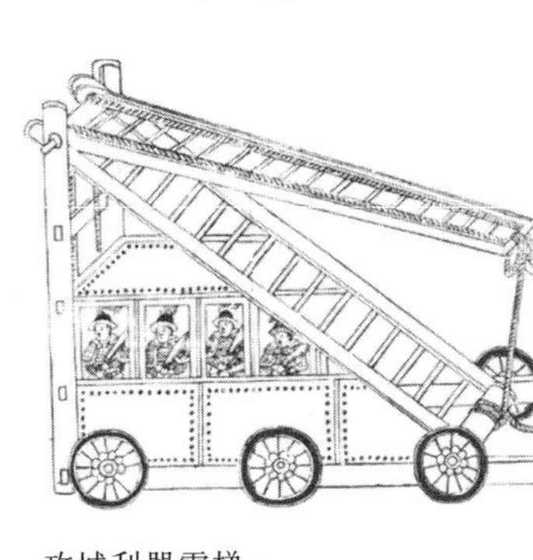

攻城利器雲梯。

另一抗金名將韓世忠。

其一，這個冒牌貨究竟是什麼來歷，是個什麼樣的女子？

其二，據《四朝聞見錄》、《隨國隨筆》等書籍記載，公元一一三〇年柔福帝姬回朝後，老宮女、宦官馮益等人，斷定這個柔福帝姬是真的公主。如果沒有把握他們怎敢亂講？而且，他們有什麼必要以謊言欺騙宋高宗？

先說第一個疑問，在宋高宗下令之前，一定是拿到了確鑿的證據，才可能治柔福帝姬死罪。老宮女、宦官馮益等人很有可能被嚴刑逼供，一齊改口說，真公主是個假貨。

既然是假貨，就得有假貨的身份和來歷，要編得像真的一樣。

據民間流傳，這個「假柔福帝姬」本名叫靜善。當年汴京被攻破後，這個靜善也被掠奪到北方，後來遇到一個叫張喜兒的宮女，曾在王貴妃的宮中服侍。從張喜兒嘴裡，靜善瞭解很多宮廷內幕和秘事。更讓她驚奇的是，張喜兒還說柔福帝姬和自己容貌十分相像。因為王貴妃是柔福帝姬的生母，因此，張喜兒和柔福帝姬很熟悉。這一巧合讓靜善很上心，她按照張喜兒所言，偷偷地刻意模仿柔福帝姬。後來，在戰亂中，靜善三次被人拐賣，最後不得不嫁給一個土匪。在宋軍剿匪時，靜善被俘，為了保全性命，靜善冒充柔

猛火油櫃畫像。

猛火油櫃模型。

福帝姬回到京師。

再說第二個疑問，老宮女、宦官馮益等人，斷定靜善就是柔福帝姬，不可能是為了欺騙高宗。因為靜善實在太像了，她知道宮廷舊事內幕，甚至能叫出高宗的乳名。因此，這些指認的人，也是上當受騙者。

真相

從這兩點可以看出，「假柔福帝姬」存在的可能性比較小。一是這個說法，來自於民間流傳，二是，她的存在，就是殺真公主的憑據和理由。而「真柔福帝姬」被殺的可能性非常大。只是這殺人動機，存在兩個疑點：

其一，柔福帝姬比韋貴妃早回京師十一年。如果她要將南宋皇宮女人公之於世，那麼早就幹了，怎會在十一年後對「顯仁太后」的名譽構成威脅？

「靖康之恥」中，韋貴妃和其他皇室成員，被押到金國。

其二，正因為她是真的柔福帝姬，是南宋皇宮女人的一員，訴說受辱遭遇，同樣是敗壞自己的名譽，她怎會說出真相？

關於殺死「真柔福帝姬」動機的疑點，我認為，柔福帝姬的存在，確實存在著威脅。然而，這威脅並不是柔福帝姬有可能會將她、韋貴妃等南宋宮女在「浣衣院」的醜事和遭遇公諸於世。

真正的威脅有兩個。

其中之一，先看一個事件：紹興二年，公元一一三二年，也就是柔福帝姬回宮後的第二年，有一個商人的妻子易氏，假冒宋欽宗的親妹妹，說自己是宋徽宗王皇后的女兒榮德帝姬。這個易氏與丈夫在金軍南下時逃難，途中與丈夫失散。被榮德帝姬以前的一個侍衛收留。從侍衛嘴裡，易氏知道了榮德帝姬的容貌舉止以及一些宮廷秘事。兩年後，易氏聽說了柔福帝姬返京的傳奇故事，便決心鋌而走險實施詐騙。於是，她前往南宋小朝廷，自稱是逃亡歸來的榮德帝姬。然而，這宗很不高明的詐騙案很快就真相大白了——宋高宗並不認識這個同父異母的姐姐榮德帝姬。北宋政和三年，公元一一一三年的時候，宋徽宗聽從了

被俘虜的宋朝皇室成員，男的當奴隸，女的做妓女。

在攻防戰中大派用場的獨腳旋風砲。

蔡京的建議，效仿周代「王姬」的稱號，一律稱「公主」為「帝姬」。這是一個長達十多年的制度，到南宋初年才恢復舊制。榮德帝姬在北宋亡國前，就嫁給左衛將軍曹為妻，後來也被擄到金國。時隔數年，她也像柔福帝姬一樣突然冒出來，唯一的辦法只能又叫老宮女等人進行查驗，一查一答辯，易氏驢唇不對馬嘴，破綻百出。被送到大理寺審訊，易氏抵賴不過，只得從實招認，最後她被亂杖打死。

由此可見，柔福帝姬的存在，對整個南宋朝廷的名譽有威脅，既然易氏可以效仿柔福帝姬的傳奇，進宮詐騙，難保以後不會再有別的人故技重演，這樣的詐騙案一旦多了，民間的流言就會更多，朝廷的威信自然要受到影響。

即便如此，宋高宗在柔福帝姬回宮後的十一年中，也沒有下手殺死柔福帝姬。直到她的生母韋貴妃返宮，有了第二個威脅——對「顯仁太后」心理健康的威脅。金國「浣衣院」的遭遇，是這位太后一生的噩夢和無法抹去的恥辱，她當然不願被國人知曉和傳頌。她時刻擔心柔福帝姬將那些痛苦的醜事宣揚出去，她心裡萬般恐懼。於是，她要向高宗指出，柔福帝姬是個冒牌貨，必須殺掉。

宋高宗無奈之下，權衡利弊，只得下令處死柔福帝姬。至於冒

有專家從宋金遺址中發現南宋民窯瓷器。

牌貨的來歷，完全是為了陷害和處死柔福帝姬而編造的理由和故事。

可憐的柔福帝姬，是戰爭戰利品，是敵人的玩物，更是朝廷名譽的犧牲品。戰爭時代，國破家亡之際，女人遭受的苦難，往往會比男人更多更大。

奪宮

隋煬帝繼位始末

中國歷史上曾有以下這種人：他們本可以成為皇帝，甚至很可能成為歷史上的明君，但最後卻與皇位失諸交臂。他們，就是那些沒穿上龍袍的太子們。

開皇二十年（六〇〇年）十一月二日，太子楊勇看著隋文帝派來要他去武德殿的使者，驚恐地說：「父皇難道真想殺我？」於是他跟著使者前往武德殿。和他當初來武德殿相比，這一次簡直就是去地獄。

武德殿上早已站滿文武百官。隋文帝身穿戎服，士兵刀槍林立，如臨大敵。人人都在屏聲靜氣，大家都知道發生了什麼和將要發生什麼事。楊勇站在下面，汗水早已濕透衣襟。

隋文帝讓內史宣讀了廢太子詔。楊勇聽完詔書，隋文帝以無可奈何的語氣叫人告訴他：你所犯的過錯太多了，不得不廢你。

楊勇向上叩謝聖恩，還跟爹說：「是啊，我不好好做個榜樣。父親您真是夠仁慈啊，居然還留我一條命。」說畢，楊勇已哭成淚人，跌跌撞撞地步出武德殿。

以上所講的就是隋文帝楊堅罷黜太子楊勇，改立楊廣的場面。

楊勇本來有做皇帝的能力，也有成為皇帝的資格。可為什麼，他的如意算盤卻打不響？楊勇敗在誰手？

按照隋文帝的意思，是一心想讓楊廣的哥哥，也就是太子楊勇來繼承隋朝的江山。

為了讓楊勇成才，隋文帝在他身邊加插了許多名臣謀士，如太師觀國公田仁恭、太保武德郡公柳敏、少傅濟南郡公孫恕、少保開府蘇威。這些人在輔助太子過程中都起了一定的作用。後來，隋文帝又把朝廷重臣李綱推薦給楊勇。隋文帝所做的一切都是希望楊勇以後能不負自己所望，撐起大隋江山的萬世基業。

隋文帝還讓楊勇參與軍國政事。這個時候的太子楊勇，是頗得隋文帝信賴的，楊勇常在諸多事情上提出自己的意見。可是，對於很多事情，楊勇雖有「參」的權力，卻沒有「決」的份兒。「決」的權力仍死握在隋文帝手裡。

事必躬親，上至吏治得失，下至民間疾苦，隋文帝無不留意。他既想讓兒子管家理事，卻又大權不放，作為太子的楊勇怎能不感到痛苦？

佛教在隋朝經歷黃金歲月，例如隋文帝曾大灑金錢擴建大興善寺，該寺位於今西安。

隋文帝楊堅。

盧賁事件

公元五九四年，又發生一件事：齊州發生災荒，刺史盧賁借機抬高米價，大發橫財。隋文帝大怒，將其除名為民。楊勇跟父親說，盧賁一直跟隨您，此人有佐命之功，倘若這樣廢為平民，其他功臣該如何想？

隋文帝大怒，訓斥楊勇，說盧賁狡詐至極，不可不廢，你替他求情，難道他曾經跟你很熟絡嗎？

「盧賁事件」讓隋文帝覺得：楊勇的太子之位穩如泰山，他遲早要做皇帝，何必要現在急於「干預」政事呢？而楊勇雖身為太子，又被隋文帝美其名曰：參決政事，但在隋文帝皇權的巨大陰影下，其作用是微乎其微的。

楊廣——文質彬彬的變態殺人狂

放下隋文帝和太子楊勇之間的矛盾，再來看看楊勇之母獨孤皇

寺內擺放了不少佛像。

大興善寺內設有「勸善石」，提倡行善積德。

后和隋文帝的關係。她的建議常對隋文帝產生巨大的影響力，同時她的嫉妒心也曠古絕今，她不但對自己的丈夫隋文帝寵幸其他女子大加干涉，而且在隋文帝面前惡毒攻擊朝中納妾的大臣。

在皇后看來，太子楊勇貪戀女色已到了不可救藥的程度。率性的楊勇曾指著母親的侍女說，這些都是我的。獨孤皇后非常生氣，當時，恰好楊勇正妃元氏暴死，獨孤皇后借機說，這肯定是楊勇毒死的。在這位母親看來，太子的品行和品德不能一統天下。

隋文帝當時還沒有廢黜太子的意思，但獨孤氏總是吹枕頭風，而且是直指太子品德劣行，隋文帝就不得不重新考慮太子楊勇的未來。

就在楊勇太子之位出現危機的時候，隋文帝的次子楊廣跳了出來。

開心鎖，卸心防

楊廣有沙場臨戰的功業和威德，也有縝密運籌的心機，更有為達到目的而不擇手段的陰險。在皇位的巨大誘惑前，楊廣是決不心

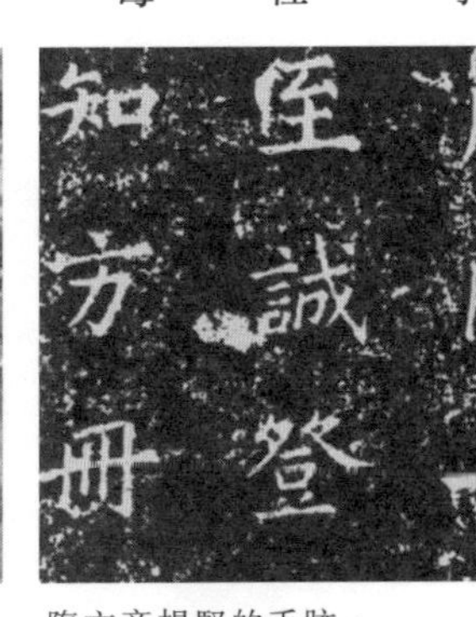

隋文帝楊堅的手跡。

隋朝江山本該由太子楊勇繼承。

慈手軟的。他是個非常聰明的人。他知道若想日後登基，就得奪得太子的位置。而要坐上太子之位，則需要父皇母后的信賴，以及親信黨羽的輔助。楊廣在自行制定了爭奪皇位的策略後，便緊鑼密鼓地行動起來：

退華服，斷琴弦

楊廣的第一步是想盡辦法博取父皇母后的歡心。隋文帝和獨孤皇后一向宣導勤儉持家，不喜歡奢華。尤其是獨孤皇后最恨的是用情不專的男人，她常常斥責那些寵愛姬妾之徒。楊廣對此瞭若指掌。他非常注意檢點自己的行為。他先是褪去華麗衣服，身著粗衣，接著把琴弦弄斷，造出一副遠離娛樂的假象。

不留一個活口

骨子裡，楊廣是一個縱情、喜好女色的紈絝子弟，在他的私宅中暗藏無數絕色美女，但為了討好母后，他明裡與妻子同出同入，暗地裡把他與其他女子所生的孩子全部掐死，不留

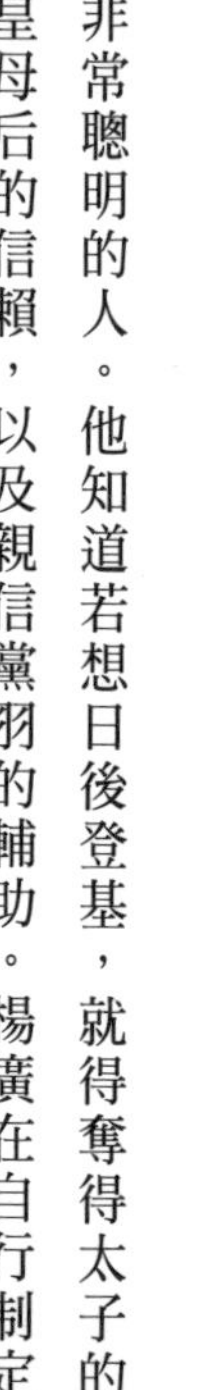

一個活口。他的屋子裡沒有一件珍奇的擺設，堂前的孩子都是正妻所生，侍奉的幾個下人也都是布衣裝束，面目憨厚。廚房裡也無山珍海味。隋文帝見到以後，心裡非常高興。連連稱讚楊廣溫良恭儉，獨孤皇后也誇獎兒子不近女色，可擔大任。

苦肉攻心

楊廣在父皇母后面前樹立正人君子的高大形象的同時，一直在鞏固自己的勢力，他結交了宇文述、郭衍、楊約、楊素等大臣。

有一回，楊廣代替隋煬帝視察兵營，恰逢天降暴雨，兵卒們在雨中操練，有個人舉起了一把油布傘為楊廣遮雨。楊廣一把推開說：「士卒們都在雨中淋著，我怎麼能自己躲在傘下呢？」

這件看似不起眼的小事被傳為佳話。不僅隋文帝欣喜不已，大臣們也都對楊廣充滿了欽佩與敬重。楊廣則讓他們時常在隋文帝和獨孤皇后面前詆毀楊勇，頌揚自己。如此一來，隋文帝就時常拿楊勇和楊廣對比，對楊勇更加失望和厭惡了。這時候，隋文帝便已經動了廢黜太子的心思，但是前朝各代的歷史證明，廢長立幼，於國不利，廢黜太子的決策必須要慎之又慎。

於是，楊廣開始詆毀哥哥楊勇。說起來，太子楊勇還真不是楊廣的對手。楊勇的性格直率粗莽，胸無城府，絲毫沒意識到楊廣的險惡用心。從這一點來說，他缺乏一個帝王所必須具備的素質。

楊勇——把死穴穿在外面的人

楊廣對楊勇的性情、癖好也瞭解得很透徹。每次他外任回都，都要悄悄給太子送去錦衣、美女和珍寶。而太子楊勇傻乎乎地全都一概收下，毫不客氣毫不遮掩，哪裡想到這是弟弟勾引他犯罪？他每日身著華服出入，在府中縱聲歌樂，與不同的女人生了十幾個孩子。

楊廣將這些事情都告訴給隋文帝。隋文帝和獨孤皇后對楊勇越來越厭惡了。隋文帝常常對獨孤皇后說：「太子品行頑劣，而廣兒卻仁孝恭儉。

此時，楊廣開始了進一步的行動。他派楊素去刺探太子楊勇方面的動靜。楊素奉命來到東宮，在廳外休息，楊勇感到危機來

隋文帝起初沒有廢太子之意，奈何獨孤皇后總是在吹枕頭風，直指他品德劣行。

隋文帝二子楊廣。

臨，本來心情就很壞，一見到楊素就破口大罵。於是楊素去見隋文帝，將太子楊勇的狂躁和不滿情緒轉述，而後對隋文帝說：太子恐怕有變！

獨孤皇后這時候也派人去楊勇處打探。楊廣又將獨孤皇后的人都收買了，這些人回到獨孤皇后那裡，也大肆渲染說楊勇恐怕要造反。

獨孤皇后當即向隋文帝通報。於是，隋文帝派人時刻監視東宮的動靜。

你不挖坑，人家不會迫你跳下去

惶恐心焦的太子楊勇，此時竟讓巫師來算命，巫師說隋文帝十八年有一個坎，期限就快到了。這事被人報告給隋文帝，隋文帝想，這是太子想要讓自己快死或者快退位，否則他就要造反。

隋文帝認為兒子大逆不道，立即下令禁錮太子和東宮所有人，並讓楊素嚴加審問與太子往來的部分大臣。幾天後，楊素拿出來確鑿的罪證，隋文帝下令搜索其他證據。楊勇宮中自然少不了他平時

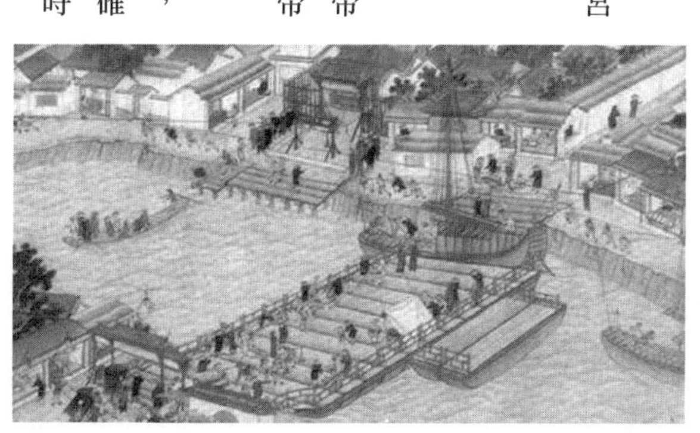

楊廣登基後，為下揚州賞瓊花，於是下旨開鑿一條貫通南北的大運河，這就是歷史上有名的「京杭大運河」。

耗用五四〇萬民力修建的京杭大運河，圖為其今貌。

喜好之物，比如馬匹，比如火燧。馬匹當然是造反時士兵的坐騎，火燧是晚上造反時用來照明的。在造反的性質定論下，任何物件都可以成為罪證。

公元六〇〇年一一月二日，隋文帝派使者去喚楊勇，要他前往武德殿。

太子楊勇看著隋文帝派來要他去武德殿的使者，驚恐地說：「父皇難道真想殺我？」於是他跟著使者前往武德殿。和他當初來武德殿相比，這一次簡直就是去地獄。

武德殿上早已站滿文武百官。隋文帝身穿戎服，士兵刀槍林立，如臨大敵。人人都在屏聲靜氣，大家都知道發生了什麼和將要發生什麼事。楊勇站在下面，汗水早已濕透衣襟。

隋文帝讓內史宣讀了廢太子詔。這份詔書中所列廢太子理由有二：第一，楊勇的生活奢侈腐化；第二，昵

隋煬帝雖無甚建樹，但用於選拔官吏的科舉制度，卻是始於他的統治時期。

為培育楊勇成材，隋文帝特別加插朝廷重臣李綱於其身邊。

近小人，委任奸佞。第一條和別人沒有關係，但第二條就和東宮的官員有關了。

楊勇聽完詔書，隋文帝以無可奈何的語氣叫人告訴他：你所犯的過錯太多了，不得不廢你。

楊勇向上叩謝聖恩，還跟爹說：「是啊，我不好好做個榜樣。父親您真是夠仁慈啊，居然還留我一條命。」說畢，楊勇已哭成淚人，跌跌撞撞地步出武德殿。

隋文帝在將楊勇太子位廢掉的同時，又將東宮太子左庶子唐令則、太子家令鄒文騰處斬，與楊勇常往來的左衛率司馬夏侯福、前吏部侍郎蕭子寶、前主璽下士何竦、典膳監元淹和左衛大將軍、五原郡公元旻均被賜死。隨著這些人的被處斬，以楊勇為東宮的存在了二十年的東宮勢力從此消失，楊勇的弟弟楊廣被立為太子。

憎相敗露

楊廣的陰謀得逞了，他終於取得了皇位繼承權，接下來，他就等著父皇駕崩了。可鬚髮花白的隋文帝身體格外硬朗。要知道，楊

隋煬帝移瓊花於揚州後土祠後，瓊花池邊便建安徽全椒縣三塔寺，以取天地靈氣，圖為其今貌。

廣裝假已經很久很辛苦了，他漸漸耐不住性子。有一次入宮途中，楊廣看見前面走過一位美貌佳人，無比嫵媚，楊廣知道這是父皇最寵愛的宣化夫人。眼見她進了一座偏殿，楊廣也疾步跟著進去。宣化夫人見是太子楊廣，也沒疑心，只是粲然一笑，請他入座。這一笑可把楊廣撩撥得失去了理性，他毫無顧忌地向宣化夫人撲去。

宣化夫人將自己被太子羞辱的事兒告訴了隋文帝。隋文帝大怒，他萬萬沒想到，楊廣竟然這般無恥。這時候，隋文帝開始對楊廣這些年來的行為產生了懷疑。他詔令大臣草詔，讓廢太子楊勇前來議事。

楊廣是何等精明的人，他之所以敢強暴宣化夫人，是因為他已經具備放肆的本錢。這宮內宮外，都是他的人。縱然是隋文帝，也根本奈何不了他。

隋文帝已經沒有機會廢掉楊廣了。夜深人靜的時候，一方手巾蒙住了他的口鼻，使他窒息而

圖中雕刻描繪了隋煬帝南遊情況。

死。大隋朝的開國皇帝就這麼命赴黃泉了。

楊廣登基後，馬上露出了他荒淫奢侈、陰狠毒辣的面目，他先是殺掉了所有的胞弟，而後大興土木，修築宮殿，將大隋朝糟蹋得千瘡百孔，使隋朝以一個短命王朝的名目載入史冊。

瓊花是中國歷朝的千古名花。

爭寵

大唐宮廷第一血案

提起唐朝，總會令人聯想到玄武門。

其實，玄武門這地方並不太平。單以唐代為例，就先後在此發生過三次政變事件。當中最著名的一次，更是在武德九年（公元六二六年）由秦王李世民發動，有史學家甚至將之稱為「大唐宮廷第一血案」。

你可能會問：怎麼唐代的政變都還在玄武門發生？是風水問題還是巧合？都不是。

唐初的玄武門是長安太極宮城的北門，是保衛皇宮的禁衛軍駐紮重地，也是出入內宮的必經之地。而太極宮是唐初的政治中心，唐高祖李淵和太宗李世民統治時期，主要在這裡活動。所以玄武門絕不邪門，而是一個戰略要地。一旦發動政變，誰佔領這個宮門，誰就在軍事上處於優勢地位。

每樁血案、每次宮廷政變都有一個或多個誘因。玄武門血案的誘因是什麼？是什麼導致皇族兄弟相殘？

答案得從皇子們的爹娘說起。

我們先說李淵，他出身貴族，是隋文帝楊堅的外甥，楊堅是他的姨丈。隋煬帝即位後，十分器重李淵。李淵也不含糊，做過刺史，在隋煬帝即位之初做了滎陽、樓煩兩個郡的太守，這兩個地方，一個在今天的河南滎陽，一個在今天的山西靜樂縣，後來，李淵還擔任過殿內少監、衛尉少卿。

大業九年（公元六一三年），隋煬帝征伐高麗時，李淵在懷遠鎮督運糧草。這個時期，李淵奉命鎮守弘化郡，就是今天的甘肅慶陽縣。在這個地方，李淵廣交天下豪傑，引起隋煬帝的猜疑。於是，公元六一五年，李淵被調任山西、河東，到達龍門時，遇上了毋端兒農民起義，李淵領兵擊敗了起義軍，收編萬餘人，實力大增。第二年，他升為右驍衛將軍，任太原道安撫大使，從此落腳太原，經營後來的起家之地。

到了大業十四年（公元到六一八年）五月，隋煬帝的右屯衛將軍宇文化及在江都兵變，勒死了隋煬帝。然後立當時的秦王楊浩為帝，自己做大丞相。隨後領兵十萬北上，但被李密打敗，宇文化及敗走魏縣（今河北大名東），毒死楊浩，自己稱帝，建立鄭國，第二

玄武門是唐代的戰略要地。

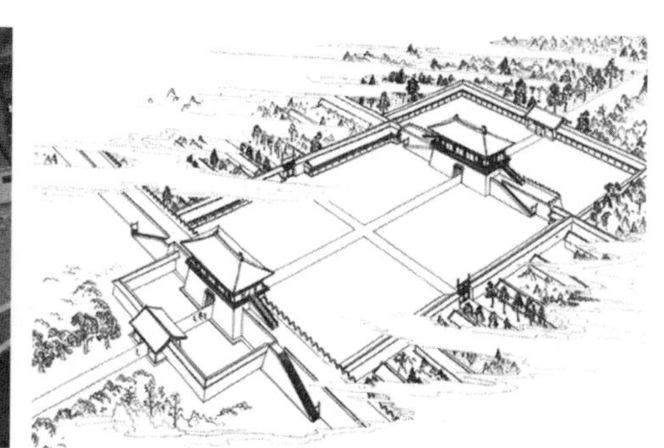

唐玄武門復原圖。

年，過了一把皇帝癮的宇文化及在聊城被竇建德殺死。

隋煬帝一死，李淵在六一八年（武德元年）逼隋恭帝楊侑禪位，稱帝建立唐朝，改年號為武德，定都長安。

一世英明

在建立唐朝一統江山的險惡鬥爭中，李淵的子女一直跟隨他一同戰鬥。李淵和皇后竇氏共生了四子一女。長子李建成，次子李世民，三子李元霸，四子李元吉，女兒是平陽公主。四個兒子當中，三子李元霸不幸早早地夭折了。

李淵的夫人皇后竇氏也出身名門。竇氏的父親竇毅在北周是上柱國，上柱國相當於大將軍，是軍事武裝的高級統帥。而竇氏的母親是北周武帝的姐姐襄陽長公主，所以竇氏也是武帝的外甥女。這個竇氏不得了。在隋文帝楊堅取代北周時，竇氏曾狠狠地說：「我恨自己不是男子，無法為舅舅家掃除禍患。」嚇得父親趕緊捂住她的嘴：「別胡說！這是滅門之罪！」

唐高祖李淵像。

唐高祖李淵有四子，幼子李元霸早夭，其餘三子為英王建成、秦王世民、齊王元吉。

後來，竇氏大了要出嫁，知女莫若父，竇毅很清楚自個兒這千金不是個等閒之輩。什麼樣兒的男人才配得上她呢？琢磨來琢磨去，竇毅想了個轍——比武招親。他讓人在門屏上畫了兩隻孔雀，凡是兩箭各射中一隻孔雀眼睛的，就招為女婿。參賽人員不少，李淵也在。前邊有幾十人都沒有射中，到李淵這兒兩箭都射中了。竇毅很欣慰，便讓女兒嫁給了李淵。

這樁婚事蠻不錯，李淵和竇氏堪稱絕配。竇氏既聰明又有遠見。有一回，隋煬帝看到李淵皺紋滿臉，便隨口開玩笑說李淵是「阿婆」。意思就是說李淵像個老太婆。李淵揣了一肚子悶氣回到家，把事兒跟竇氏一說，竇氏喜滋滋道：「這是吉兆啊，你繼承的是唐國公，『唐』便是『堂』，『阿婆面』就是指『堂主』啊！」竇氏指的是李淵將來要做皇帝，取代隋煬帝。而且，這說明隋煬帝對李淵不存戒備，誰會擔心一個老太婆造反呢？竇氏這個文字遊戲讓李淵很開心。

還有一回，李淵得了不少駿馬，竇氏勸他將馬獻給隋煬帝，說皇上喜歡鷹和馬，您是知道的，現在應該把駿馬獻給皇上，不該自己留著，招人閑言誣陷。李淵有點兒摳，捨不得這些駿馬，後來果真被隋煬帝責問。竇氏在四十五歲時去世，李淵琢磨亡妻的話，越琢磨越覺得有道理，於是就經常給隋煬帝送駿馬送鷹犬，隋煬帝果然非常高興，很快升李淵為將軍。李淵流著淚對兒子們說：「我如果早點聽你們母親的話，早就當上將軍了。」

種下禍根

想想看，這樣的父母，這樣的家庭，造就出來的孩子會是省油的燈嗎？太子李建成和秦王李世民，包括李元吉，都有巨大的抱負和能力。說句公道話，李淵的這三個兒子，都具有繼承皇位，治理國家的能力。但我們也知道一道理，凡事都有好壞兩面，三個兒子都是能人，可一山不容二虎，除非一公一母，何況三虎？為了皇位，三兄弟死掐是在所難免的。這是玄武門血案的誘因之一。

另一個誘因則在李淵身上。李建成和李世民這兩個兒子，都是他的最愛。李世民，在武德二年（公元六一九年）七月率軍攻打王世充的時候，才二十二歲。別看年紀輕，卻能知人善任，有雄才有膽略，在極其艱難的情況下，大破王世充、生擒竇建德，平定河南、河北。為統一大唐江山立下赫赫戰功。而李建成也相當精明強幹，由於他的身份是太子，主要協助李淵處理京城內的政事，才幹主要顯示在處理政務上，功績也不小。

單論戰功，李世民是明顯大於太子李建成的，在軍政各界威望

李淵次子李世民。

雖然李元霸早夭，但不少歷史漫畫竟以他為主角。

李淵皇后竇氏。

很高。李世民當然不甘心只當一個區區的秦王，他的內心對皇位充滿了渴望。李淵心裡明鏡似的，態度卻實在叫人無奈。這位當爸爸的選擇了中立。中立，看著是愛好和平，實際上就是袖手旁觀，站一邊冷眼看別人掐架。

這裡有一個插曲：《舊唐書》裡記載，說在晉陽起兵時，李淵曾向李世民許諾：「若事成，則天下皆汝所致。當以汝為太子。」大白話就是：如果戰鬥勝利，天下是你打下來的，我就廢了太子李建成，封你為太子。客觀地說，這個記載基本上不靠譜。當初密謀起兵，連勝負都無法預料，怎麼就把廢立太子的事兒提到會議上來了？

因此，李淵沒給過李世民任何允諾，但他知道兒子的欲望。明擺著，秦王功勳卓著，才能出眾。要不是必須按照嫡長子繼位制安排繼承人，李世民繼承皇位也是名正言順的。可偏偏李建成「游泳」游得快，率先來到這世上，被立為太子。你李世民再強，仗打得再牛，也只能當秦王，一等的親王爵，你要覬覦皇位就叫貪婪，就叫狼子野心。

自作聰明的權宜之計

為了滿足孩子的野心，也為了搶救兩兄弟日益惡化的關係，李淵別出心裁，給李世民搞了個「天策上將」封號，這個頭銜，不過就是一個獨立的向皇帝負責的軍事策略參謀官，是一種擁有武將品階的文官。仨錦旗改一被面兒，光環巨亮不值什麼，與太子的封號相比，壓根兒就不在一個檔次。

李淵這一手並沒有從根本上安撫李世民在軍功上的差距，在武德七年（公元六二四年）的時候，李淵特意派李建成去討伐引突厥入侵大唐的劉黑闥。

劉黑闥原是河北農民起義軍首領竇建德部將，早在武德五年（公元六二二年），竇建德失敗後，殘餘部下推劉黑闥為首領，重整旗鼓，起兵反唐。劉黑闥善戰，很神勇，擊敗了李神通軍，又大破李世績軍，僅僅半年時間，竇建德失去的故地就被他收復了。而後，他派遣使者勾結北方突厥，得到豪帥徐圓朗的援助。在武德六年（公元六二三年）在洺州，今天的河北永年縣東南，劉黑闥自稱漢東王，年號天造。這一次，太子李建成奉旨征討，劉黑闥敗逃到饒陽，今天的河北饒陽，被自個兒部下給俘虜了，送到李建成軍中，被處死。

征討劉黑闥，李淵打的主意就是讓李建成建功。他以為這樣就可以壓制李世民的野心。別以為只有你能立軍功，瞧瞧你哥哥，剿滅了劉黑闥，如今也是功勳顯耀。人不光能打仗，處理政務也是一

李世民曾率兵攻打王世充，並生擒竇建德。

把好手，屬於德智體全面發展。

按理這讓李世民無話可說，可惜天不遂人願。

楊文幹事件

武德七年（六二四年）六月的時候，出了一個突發事件——太子一系的慶州都督楊文幹叛亂。這時候，李淵正在長安以北宜君縣仁智宮避暑，李世民、李元吉隨從。李建成則留守京師。突然，有密報傳給李淵，說太子李建成暗通慶州都督楊文幹，正籌集軍械謀反。這還了得？李淵立即召李建成往仁智宮見駕。

李建成可慌了神兒，有的部下勸他據城起兵，有的勸他孤身請罪。李建成到底還是選擇了孤身請罪。他見到李淵倒地便拜，磕頭差點磕得昏厥過去。其實，李建成沒有準備謀反，他是趁李淵出皇宮避暑，集聚軍械，以抗衡秦王的勢力。李淵知道以後，盛怒難平，就把李建成拘押起來，只供給粗食。

而後，李淵令人傳楊文幹覲見，傳令的人卻把將李淵獲悉密謀之事告訴了楊文幹，楊文幹乾脆起兵。李淵便讓李世民親自出兵征剿。這一次，李淵開口了，他許諾說，如果得勝還朝後，就廢太子，改立李世民。李世民滿懷希望，率兵出征。他的大軍還沒到，楊文幹軍就已經潰亂，楊文幹死於部下之手。

出爾反爾

可李世民萬萬沒想到的是，父王李淵沒有履行自己的承諾。李淵把「楊文幹事件」的罪過，算到太子和秦王兩兄弟頭上，認為正是兄弟不睦，才引發這一事件。於是，他再一次採取了中立的態度，各打五十大板，將太子府的王珪、韋挺，以及秦王府的曹參軍杜淹等人，一同流放到遠方。

李世民覺得冤啊，自己帶兵平叛，得到的回報卻是部下被流放。父皇說話沒個準譜，心眼兒也太偏。當老子的不講誠信，兒子的心哇涼哇涼的。

當然，關於「楊文幹事件」還有另一種說法，說所謂「楊文幹事件」原本就是李世民一手策劃的陰謀。這個說法，真假暫且不論，要緊的是唐高祖李淵對「楊文幹事件」的處理態度，成為了李氏兄弟殘殺的導火線。

從李淵內心來說，當然不願意兒子自相殘殺，他更怕隋文帝楊堅廢立太子的事情發生在自己身上。當年隋文帝廢了太子楊勇改立

拳毛騧。「拳毛騧」，毛色黃，嘴黑。李世民曾乘此馬在洛水與敵軍激戰。

「昭陵六駿」為李世民的六匹戰馬，分別是：拳毛騧、什伐赤、白蹄烏、特勒驃、青騅和颯露紫。

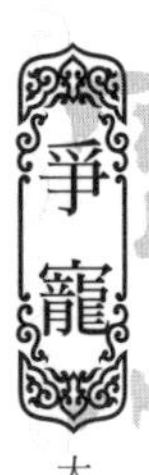

楊廣，而後被害於仁壽宮中。李淵可不想重蹈這個覆轍。所以，他始終採取中立態度，盡可能地息事寧人，希望大事化小，小事化無。他在兒子們中間周旋。站在父親的角度，他要制止太子傷害李世民；站在皇帝的角度，他又不願廢黜太子改立李世民。

你可以是一個好皇帝，也可以是一個好父親，但你不可以既是好皇帝又是好父親。這就像夾在婆媳矛盾中的男人，整個兒一「雙面膠」。

名利場，不是講道義的地方

李淵的處境比「雙面膠」更糟糕，他有三個兒子。小兒子李元吉也不是庸人，秦王李世民手下有二十五員大將，領頭的不是別人，正是李元吉。算得上元帥級人物。後來，李世民繼承皇位，開創貞觀盛世，在一些史書的記載中，故意醜化李元吉，說他有勇無謀，而且一肚子壞水。可見，誰手裡掌握了槍桿子，誰就有了話語權。歷來如此。

說到李元吉的壞，那是肯定的，可誰不壞呢？李世民和李建成

特勒驃。毛色黃白，嘴微黑。由於「特勒」是突厥部落的官名，故有史學家認為特勒驃可能是由突厥某特勒所獻。

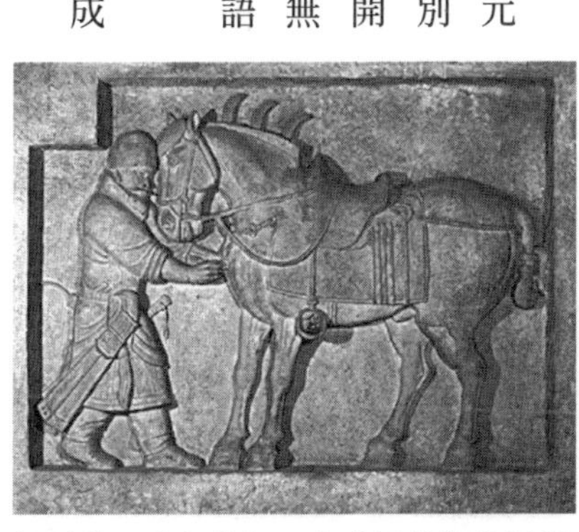

颯露紫。毛色紫紅。李世民曾騎此馬與王世充交戰於洛陽。

的心眼兒少嗎？手段不毒辣嗎？皇宮水多深路多險慢慢蹚吧，你要沒腦子沒城府心裡藏不住事兒，早晚當個冤大頭。

說實在的，李元吉的智商並不差勁。一開始，李元吉和他的二哥李世民並肩作戰。在當初平定竇建德的戰役中，李元吉一直跟隨李世民。李世民對他這個弟弟也很器重。因此，李元吉一直是李世民這邊的。可是到了武德五年，高祖李淵派遣太子李建成討伐劉黑闥，李元吉跟隨前往，在這次征討中，李元吉投靠了大哥李建成。

李元吉的這個舉措，既不偶然也不突然。他倒向李建成一方是經過深思熟慮的——兩個哥哥對於皇位繼承的爭鬥，已經半公開化。論戰功，他不如二哥李世民；論政治資本和名聲，他不如大哥李建成。如果要圖謀皇位，就必須投靠更有勢力的一方，聯合起來擊潰另一方，回頭再與勝方較量。這孩子成語學得好，知道什麼叫螳螂捕蟬，黃雀在後。

李世民謀臣之一杜如晦。

據《舊唐書》記載，李淵在晉陽起兵時曾向李世民許諾，如果戰爭勝利就廢掉李建成，改封他為太子。

唐書本紀卷第一
監修國史推誠守節保運功臣特進守司空兼門下侍郎同中書門下平章事上柱國譙國公食邑五千戶食實封四百戶臣劉昫等奉勅修
皇明奉 勅提督南畿學政山西道監察御史餘姚聞人詮校刻 蘇州府儒學訓導門人嘉興沈桐同校
高祖
高祖神堯大聖光孝皇帝姓李氏諱淵其先隴西狄道人涼武昭王暠七代孫也暠生歆歆生重耳仕魏為弘農太守重耳生熙為金門鎮將領豪傑鎮武川因家焉儀鳳中追尊宣皇帝熙生天錫仕魏為幢主大統中贈司空儀鳳中追尊光皇帝皇祖諱虎後魏左僕射封隴西郡公與周文帝及太保李弼大司馬獨孤信等以功參佐命當時稱為八柱國家仍賜姓大野氏周受禪追封唐國公謚曰襄至隋文帝作相還復本姓武德初追尊景皇帝廟號太祖陵曰永康皇考

不怕死，只怕失去一切

於是，李元吉評估李建成和李世民兩方的勢力：

首先，李建成是嫡長子，名正言順的太子，東宮整體實力很強；而秦王府雖擁有謀士良將，但畢竟沒有一塊光鮮的牌坊。很顯然，東宮的含金量比秦王府高。齊王府與東宮聯合，其優勢明顯大大勝過秦王府。

其次，李建成的性情相對溫和、寬厚，容易相處；而李世民執法嚴明，眼裡不揉沙子，一盆火似的性格。李元吉放蕩散漫慣了，在李世民手下混事兒很難。

這麼一盤算，李元吉決定下注——投靠太子政治集團。

對於這場賭博，李元吉是有信心贏的。身邊又有小人忽悠他，說您這「元吉」二字，合起來就是個「唐」字，什麼是天意？這就是天意。先胖不算胖，後胖壓倒炕，您才是大唐的真龍天子。李元吉不禁就有些得意。這孩子壓抑得久啊，父親李淵對太子和李世民的愛，顯然勝過對他的愛。論功績論威望論名分，太子和秦王都讓他望塵莫及。被小覷和蔑視過的人，抑鬱而不得志的人，久居人下的人，或多或少都會暗含一種報復心態。或許，正是這種報復心態形成了李元吉的政治野心。

就這樣，李元吉和李建成聯合，共同對付李世民。

烈馬事件

於是，在武德七年七月，發生了一起謀殺事件：這一天，李淵為了緩和兒子們之間的矛盾，帶上李建成、李世民、李元吉三兄弟去南城狩獵。狩獵的時候，開展了一個有獎競賽，李淵命他的三個兒子騎快馬射靶比決勝負。恰好，李建成手裡有一匹烈馬，這匹馬又肥又壯，性格外向，連蹦帶跳，馬善被人騎這話到它這兒算作廢。李建成把烈馬牽到李世民跟前，先給弟弟戴高帽：說你騎術最好，這樣肥壯的馬只配你來騎。李世民也沒多想，跨上馬就去追鹿，騎了沒幾步，馬像失了前蹄，突然僕倒，把李世民摔出數步之遠，他爬起來再騎上馬，不料馬又僕倒，反復三次。李世民這才咂摸過味兒來，這是太子想謀害我啊！

李世民怒氣沖沖對身邊的宇文士及說：太子想用這匹馬來殺我，可生死有命，怎麼能害死我呢！

李建成聽到這個話，就讓嬪妃向李淵進讒言說：秦王自稱自己有天命，當為天下之主，豈有濫死之理！

同樣的話，換個說法意思就大不同了。李建成希望李淵以謀反罪置李世民於死地。果然，李淵大怒，召李世民來見，厲聲責備說：天子自有天命，不能強求，你何必這麼急！李世民趕緊脫冠連連叩頭，請求李淵把自己交付法司調查。恰在這時候，有司報告突厥入侵，

李淵才免了李世民的罪過，和他一起商量如何攻打突厥。這事兒就算一筆劃過去了。

毒酒事件

如果說，「烈馬事件」是李建成沒有經過周密安排的即興謀殺之作，那麼後來發生的「毒酒事件」就是李建成和李元吉精心策劃的一樁謀殺案。

這宗謀殺發生在武德九年六月初一，「玄武門之變」的前三天。夜晚，李建成和李元吉密謀之後，請李世民到東宮赴宴。美其名曰聯絡感情，其實已備好毒酒等著要李世民的命。這個夜晚的氣氛陰森壓抑，席間，李建成和李元吉頻頻勸酒，李世民飲酒後，突然覺得心口疼痛難忍，由淮安王李神通扶著返回秦王府，吐血數鬥，居然保住了性命。史載：「世民心中暴痛，吐血數鬥。」這就是「毒酒事件」。

然而，以上兩個事件並不是沒有疑點。我們看「烈馬事件」，李世民三次跌落馬下，李世民是驍勇善戰的沙場猛將，他能不識別

李建成和李元吉妒恨李世民立下的戰功，於是假意擺下酒宴，欲借毒酒殺兄長。

房玄齡是李世民另一功臣。

烈馬嗎？就算一時大意，怎麼會一而再再而三打馬上摔下來？再說「毒酒事件」中的「吐血數鬥。」《唐會要》明確記載，正元二年，京城鬥酒一百五十銅錢。據考古查實，唐朝的大鬥容量相當於今天六公升，小鬥容量僅相當於今天二公升。我們姑且以小鬥容量估算，也就是說李世民吐了七、八公升血。不僅沒死，而且三天後就生龍活虎，在玄武門發動政變，彎弓射殺太子李建成。這是什麼樣的身板兒啊？您覺得這可能嗎？

這兩個事件是否真的存在？是否完全屬實？是一個永遠的謎。但有一個事實無法迴避，那就是太子集團和秦王集團的鬥爭在武德九年進入了白熱化。

兄弟相殘

作為皇帝的李淵，很清楚事態的發展，他想來想去，想出一個主意，把李建成和李世民兩兄弟分開。

李淵先召見李世民說：「你平定海內，功勞很大，我是想立你做繼承人。但你想想，建成年歲大了，當太子也很久了，我不忍心奪去他的地位。你們兄弟又不相容，同住在京城必定要爭鬥，我派你回到陝西道大行台，駐紮洛陽，以後陝西以東都歸你，仍然准你建立天子旌旗。」

李世民聽後跪地哭泣，以不想遠離父親為理由推辭。李淵卻說：天下兩個家，東、西兩個都城，距離很近，我思念你就去看你，你思念我就來看我，不必悲傷。

要說李淵這主意不算釜底抽薪，好歹也是揚湯止沸，天下分給你們哥倆兒，一人一半兒，誰也別跟誰搶，好好過日子。

李世民沒有辦法，只得順從父親的安排。可就在他即將起程出發的時候，李建成和李元吉商議：李世民如果到了洛陽，又有土地又有兵。他要在京城待著，勢單力孤，我還能控制他，要辦他也容易，這一去猛虎入林，後患無窮。

實力比拼：秦王府對太子黨

兩兄弟這麼一合計，決定想辦法讓李淵放棄這個做法。於是，他們暗中派人給李淵上密奏，說李世民知道要駐紮洛陽，歡天喜地。看他的樣子，是不再回來了，篤定要自己稱帝。同時，又派李淵親近的寵臣去游說李淵，說明利害關係。李淵最終改變了決定，派李世民去洛陽的事就擱了下來。這時候的李世民已經被逼上了絕路，無論他有沒有奪取太子之位的野心，都必須拼死一戰。李世民

李世民的賢內助文德皇后長孫氏。

玄武門之變後，魏徵以其剛直性格為李世民收納。李世民繼位後，魏徵更多次犯顏直諫。

不是沒實力，也不是毫無準備任人宰割。看看太子集團和秦王集團的實力，就可以清楚地知道這一點：

人才方面

先說秦王府，真是人才濟濟，武將謀臣個頂個兒地厲害。武將有尉遲敬德、段志玄、程知節、秦叔寶、侯君集等人。謀臣則以房玄齡、杜如晦、虞世南、孔穎達等十八學士為主。這十八學士，不僅僅是博學多才的知識份子，也是軍事方面的智囊之士。一個團隊，能力是一方面，關鍵得上下擰成一股繩，這才有戰鬥力。李世民團隊也具備這種戰鬥力。歷史上有句話，說是「自隋大業末，群雄競起，皆為太宗所平，謀臣猛將，並在麾下」。而且，這些人相當忠誠，譬如程知節那樣的忠良，抗旨也寧死不離開秦王府。

太子府也不是一幫烏合之眾。在李建成的手下，傑出的謀士有魏徵、王珪等人。並且還擁有二〇〇〇名長林兵，屯駐在東宮的長林門，東宮是李建成一方的基本陣營。

兩方對比，可以發現一個問題：李建成身邊實際上沒有心腹，有重大事情要決斷，並不是先同魏征、王珪等人商議，而是和李元吉討論。就是說，謀劃一個事情，李建成的謀士並不是從頭到尾都參與其中。所以，太子集團只是靠李建成和李元吉兩兄弟的智慧，而李世民這邊就不同了，他身邊始終圍繞著三個心腹——房玄齡、杜如晦和長孫無忌。都是人精，兩個人精，抵得過四個人精嗎？

士兵數量

再看雙方的兵士。玄武門之變當日，東宮太子府這邊有二〇〇〇精兵，而李世民一方就很弱。《舊唐書》上有這麼一段記載：「六月初四，公謹與長孫無忌等九人伏於玄武門以俟變。」不看不知道，一看嚇一跳，九個人對壘二〇〇〇人，你還不夠人一口吃的。好在還有另一段記載：「六月初四，建成既死，敬德引七十騎躡踵繼至。」掰指頭算算，玄武門之變時，李世民手下的武將謀臣和兵士加在一起，也不過八〇餘人。但是最終他贏了，他以少勝多。確切地說，這不是一次戰鬥，而是一次謀殺。更確切地說，這是一場兄弟間的相互謀殺，對親情的殘暴屠殺。孔子那一套君君臣臣、父父子子的傳統倫理觀念，是否只是一種理想化的境界？人際關係中真有一種任什麼也改變不了，摧毀不了的情感嗎？

閻立本的《步輦圖卷》，描繪唐太宗李世民接見來到長安迎娶文成公主的吐蕃特使祿東贊的情景。

後宮力量

不得不說，太子府和秦王府兵將謀士的實力，僅僅是雙方力量對比之一。還有另一種力量，就是後宮的力量。在這方面，李世民完全不是李建成的對手。這和他們父親李淵密切相關。

李淵晚年的時候，有很多內寵和嬪妃。其中有兩個寵妃是李淵的最愛，一個是張婕妤，一個是尹德妃。對於父皇李淵的這兩個寵妃，李建成和李世民的態度迴然不同，李建成利用太子的身份和她們結交，討她們喜歡；而據舊史記載，李世民對她們從不曲意奉承。單就這一點來說，李建成和李世民性格裡，都有不達目的不甘休的狠勁兒，但李世民更坦蕩、更大氣、更男人。

危機四伏

性格決定命運，這話不是真理，卻真的有道理。

張婕妤和尹德妃就在李淵跟前說太子的好話，傳李世民的壞話。李氏三兄弟中，李世民其實是不圓滑的，或者說不善於適時妥協，應了關漢卿那句詞兒：我是個蒸不爛、煮不熟、捶不扁、炒不爆、響噹噹一粒銅豌豆。這就夠讓兩位寵妃討厭的了，不光討厭，還充滿怨恨，怎麼呢？因為這兩位寵妃都和李世民有過矛盾。

先說尹德妃，這位寵妃的爹叫尹阿鼠，是個欺軟怕惡不知天高地厚的傢伙。有一天，李世民的謀士杜如晦打尹阿鼠門前過，沒有下馬，尹府裡一幫雜役不由分說把杜如晦拖下馬就打。事後，尹阿鼠心裡害怕李淵怪罪，趕緊來個惡人先告狀，倒打一耙，讓女兒尹德妃到李淵面前告狀說：「秦王手下的人蠻橫無理，欺負我年邁的父親，經過我父府邸，我父稍有些怠慢，就被他們痛打一頓。」兒子的手下痛打老子的丈人，這事兒說破大天去也是不孝，李淵憤怒之下也沒調查，也不聽李世民解釋，就狠狠一通訓斥。

李世民和尹德妃仇怨就這樣結下了。

電視劇《貞觀之治》裡，把這個事兒擱到張婕妤身上，是不符合事實的。事實上，張婕妤和李世民的矛盾在武德初年就結下了。這矛盾說起來不起眼，只是為了一塊田地。那時李世民當陝東道行台。「台」就是指在中央的尚書省，出征時，在其駐地設立臨時性機構稱為行台，又稱行尚書台或行台省。在這個管轄區裡，李世民有權處理所有事務。於是，他將轄區裡的十頃田地賞賜給立了戰功的淮南王李神通。要說這都不叫個事兒，可張婕妤恰巧也看中了這一大塊田地，請求李淵下詔書將這塊田地賜給自己的父親。不就十頃地嗎，李淵當即就答應了。可李神通不幹了，這塊地明明是秦王先就賜給自己的，憑什麼你要我就給？不給，打死也不給。張婕妤哪吃這套，向李淵讒言道：陛下賜給我父親的田地，被李世民奪去賜給了李神通。李淵為此很生氣，他氣什麼呢？當然不是為一塊田地生氣。他氣的是李世民，哦，如今你翅膀硬了，我的詔書成廢紙了，你的指令成聖旨了，成何體統！提起這事李淵就不舒坦，向寵臣裴寂抱怨說，世民這孩子在外帶兵，被他身邊那些謀士教壞了，作風專制，不像是我以前那個孩子了。

從以上這些事件可以想見，李世民處於一個什麼樣的境遇。太子齊王與他勢不兩立，後宮兩名長舌婦爭相詆毀。李世民危機四伏。

奉周公之名，殺無赦！

秦王府的幕僚們很害怕。骨幹之一的房玄齡，當時任行台考功郎，考功郎這個官職，在六朝隋唐時期，隸屬及其職掌的變化比較大。唐初的考功郎，與北朝略同，就是掌考課百官及考試秀孝，隸屬於吏部尚書。做這個官，頭腦當然很夠用。精明的房玄齡對長孫無忌說：到了如今這個地步，一旦禍亂發生，就會血染宮廷，實在

文成公主入吐蕃圖。

文成公主像。

是國家的憂患，不如勸秦王「行周公之事」，使國家安定。這裡的「行周公之事」肯定不是指做夢或者做愛。說的是西周成王初繼位時，因成王年少，由周公攝政。結果周公的兩個弟弟管叔、蔡叔不服，發動叛亂。周公經過一番討伐，誅殺了管叔，將蔡叔流放。

史稱房玄齡善於謀略，杜如晦善於決斷，合稱「房謀杜斷」。這個「房謀」真厲害啊，勸人的論據多好——當年周公誅殺了親弟弟。這對於李世民克服殺兄殺弟的心理障礙是一劑特效藥。這裡面有一個邏輯：眾所周知，周公是封建社會道德標準的制定者。按照周公這位爺的崇高地位，自然幹什麼都是對的，那他殺親弟弟也是對的。既然周公能夠正義地殺弟弟，李世民當然也能正義地殺兄弟！

房玄齡把這意思先跟長孫無忌說了，長孫無忌當即贊同，說自己心中也早有此意，只是不敢說出來，如今你說了，正合我心意，應當好好地告訴秦王。

長孫無忌這時候的官職是比部郎中。所謂「比部」，是隋唐年間，在刑部之下設「比部」，使審計工作開始走向專業化、獨立化和司法化。長孫無忌就是這一機構的高級官員。他與

盛世唐朝瓷業圖片。

唐代開元通寶古錢。

房玄齡、杜如晦一起去找李世民商議，說秦王功蓋天地，應當繼承帝業，今日的憂患恰恰是天助的機會，希望大王不要遲疑。

心計

而與此同時，太子李建成一方來了一手更為露骨的——瓦解秦王府的整體實力。

利誘尉遲敬德

首先是利誘，針對秦王驍勇的部將。李建成方派人裝了一車金銀器送給左二副護軍尉遲敬德。唐初的時候，秦王府和齊王府都各置左、右六府護軍。護軍是勳官的稱號。李建成此舉拿現在話說，就是未來的國家領導繼承人向高級軍事幹部行賄。而尉遲敬德當場就拒絕了李建成。他說秦王對自己有再世之恩，如今在秦王府做事，應當效命報答，如果我與殿下私交，就是貪利忘義，殿下會用一個貪利忘義的人嗎？結果李建成又氣又臊，無功而還。

接著，尉遲敬德把這個事情向李世民作了報告。李世民很信任尉遲敬德，說你的忠心像山嶽一樣牢固，就算給你的金子像北斗星一樣多，你也不會動搖，太子送你東西，你就接受，這樣可以知道他的陰謀。否則，災禍就會降臨到你頭上。

果不其然，這事過去不久，齊王李元吉就派人在夜裡去刺殺尉遲敬德。尉遲敬德是什麼樣的人物？那是貼門上避邪，擱床上避孕的門神。他察覺到有刺客，就打開各層的門，安臥於床，一動不動。刺客屢次到了他的庭前，就是不敢進入。

引誘段志玄

搞不定尉遲敬德，李建成又派人用金帛去引誘右二護軍段志玄，同樣遭到拒絕。

籠絡引誘不成，李建成換了一招，說起來也是老把戲——他指使李元吉向李淵進讒言，誣陷尉遲敬德，企圖讓李淵下詔將其誅殺，在李世民的堅決請求下，才保住尉遲敬德性命。緊接著，李建成又譖毀左一馬軍總管程知節，要將他調離京城，到康州去做刺史。程知節抗旨冒死不肯離開。這還不夠，李建成和李元吉分析，這秦王府裡的謀士，關鍵人物是房玄齡和杜如晦。於是又向李淵譖毀，把房玄齡和杜如晦驅逐出了秦王府。如此一來，李世民的心腹

運河出土唐開元通寶古錢。

謀士就只有長孫無忌留在秦王府中。形勢非常嚴峻。

收買常何

走到這一步，難道李世民就一直沒採取任何手段，只是一味退讓嗎？貞觀史籍裡有一段記錄：謀士魏征「見太宗勳業日隆，每勸建成早為之所」。就是說，當時任太子冼馬的魏征，意識到李世民對太子的威脅，所以常勸太子早早下手，除掉李世民。從這裡看出，如果李世民沒有任何動作，他的態度是妥協，那麼何來的威脅。所以，李世民並不像貞觀史籍中所說的處處被動挨打，他沒有坐以待斃，他幹了兩件頂重要的事兒：第一，通過妻子長孫氏爭取到李淵嬪妃的支持，收買東宮集團的心腹人物；第二，收買了玄武門的值班將士常何。

如箭在弓

準確地說，對於奪取皇位繼承權，李世民一直是有準備沒決心。雖然他蓄謀已久，但何時奪位，以何種形式奪位，一直是不明確的，只能說句大白話：沒逼到那份兒上，逼狠了我也不怵。

由於房玄齡和杜如晦被調離秦王府。長孫無忌、侯君集和尉遲敬德等人日夜苦勸李世民，讓他誅殺李建成和李元吉。李世民猶豫不決，去向靈州大都督李靖請教，李靖推辭，說無可奉告。李世民又向行軍總管李世勣請教，李世勣也推辭，同樣無可奉告。這兩位可是了不起的人物，在初唐的歷史中，都是頗具影響力的人物。李靖具有很高的軍事指揮才能，熟悉兵法，戰功卓著；李世勣則跟隨李世民征討竇建德、王世充，也立下過赫赫戰功。這兩位對李世民想要奪權的暗示置若罔聞，沒有反應就是最大的反應。李靖和李世勣的想法無非有兩個：

一、李世民若誅殺太子齊王而奪權，勢必產生變革，而變革直接導致的是權力的重新分配。李靖和李世勣當然不願意因為變革影響到自己。

二、李世民兵變是否成功，他們沒有把握，從朝廷勢力對比來看，朝廷官員基本都傾向于太子李建成，寵臣裴寂更是公開支持太子。宇文士及、陳叔達等人心裡支持李世民，但又不敢公開；大臣封德彝則是首鼠兩端。李淵每次外出，都讓太子留守京城，這就使大臣和各地的都督大都依附于太子。因此，太子李建成在京城勢力比李世民雄厚多了。說到底，李靖和李世勣是不相信李世民會成功的。如果支持他，一旦失敗得罪了太子，將給自己招來殺身之禍。

因此，「二李」的態度是保持中立。這讓李世民更加猶豫。猶豫並非心軟。李世民很清楚，兄弟自相殘殺，是古今大惡，這場爭鬥雖然早晚要發生，但李世民想等太子方面先發動，自己再以道義的理由去征討他們。

李建成又何嘗不是這樣想？

兩兄弟的箭都搭在弦上，都想站在所謂正義的一面，等待一個契機，一個突發的動力，將毒箭射向對方，置對方於死地。

靜待時機

這個契機還真來了。

武德九年，東突厥鬱射設率領數萬騎兵，屯兵黃河以東。侵入大唐邊塞，圍攻烏城。李建成向李淵推薦李元吉帶軍北上征討。李淵聽從了李建成的建議，敕令李元吉為都督，右武衛大將軍李藝、天紀大將軍張瑾等人去援救烏城。李元吉這時就使了鬼心眼兒，他請求調用秦王府的尉遲敬德、程知節、段志玄，以及右三統將軍秦叔寶等猛將同行，而且，還挑選秦王府裡的精銳士兵來補充軍力，全部編入出征的部隊。

這是一服猛藥，先把你掏空，然後再殺你，讓你一點抵抗力都沒有。對比後宮力量和朝廷勢力，東宮集團和秦王集團的差距很大。只有戰鬥實力有得一拼，這下可好，戰鬥實力也給你挖空了。人家是刀俎，你李世民是魚肉。

先前說過，李世民通過妻子長孫氏爭取到李淵嬪妃的支持，收買了東宮集團的心腹人物。這個心腹人物就是太子宮率更丞王珪。他向李世民秘密報告，說太子告訴齊王：「現在，你已兼併秦王的精兵猛將，擁有數萬之眾。我與秦王在昆明池與你餞行，就在餞行宴席上，派壯士將秦王殺死。然後上奏父皇，就說秦王患急病死去，父皇不會不信。到時候，我再派人進宮游說，要父皇把國事大勸移交給我。而尉遲敬德等人也落到了你手裡，正好將他們全部坑殺，誰敢不服？」

率更丞這個職務，是「掌宗族次序、禮樂、刑罰及漏刻之政令」，一把手是率更令，率更丞是兩個副手之一，級別是從七品上。從職務來看，這個率更丞王珪應在太子率更寺任職。作為太子率更寺的官員，王珪提供的這個情況應該是可信的。而且，李建成、李元吉利用這個時機下手，也是符合邏輯的。

偽造合理化煙幕

李世民立即把王晊的密報告訴給長孫無忌等人。為了徹底清除李世民的心理障礙。幕僚們循著房玄齡「行周公之事」的思路，找出新的論據：假如當初舜在疏浚水井時，沒有躲過他父親與弟弟在上面填土的暗算，他便成為井中之鬼了；假如當初舜在粉刷糧倉時，沒有躲過他父親與弟弟突然放火的毒手，他便化為灰燼了。怎麼能夠登上天子之位，使自己的恩澤遍及天下呢？所以，舜在父親用小棍棒打他時，就忍受了，在父親用大棍棒打他時，就逃跑了。這是因為舜心目中所考慮的只有大事啊！

以鬼神之名，借刀殺人

李世民目前的狀況，正如舜當年被自己父親和弟弟的聯合暗算一樣。李世民的心理障礙就這樣被他的幕僚們層層打通。最後，他決定讓人占卜，看是否應該立即採取行動。

兵變

恰好這時，張公瑾從外面進來，一把將龜甲扔在了地上，說：占卜是為了決定疑難之事，可是現在的事情並無疑難！而且，如果占卜的結果不吉利，我們就不採取行動了嗎？

至此，李世民下了決心，命令長孫無忌去召集房玄齡和杜如晦。在場的幕僚們很擔心，擔心什麼呢？房玄齡和杜如晦已經遵旨不再侍奉秦王，私下來見是死罪，恐怕他們不敢來。李世民拿了自

唐人飲茶觀。

《簪花仕女圖》。

己的佩刀給尉遲敬德，囑咐說：你去看他們的態度，他們若不肯來，就把他們的頭砍來！

長孫無忌和尉遲敬德一同去見房玄齡和杜如晦，告訴他們，秦王已決定大計，你們應急速入府共同商議。房、杜二人便穿上道士的衣服，秘密回到秦王府。

這一天是武德九年六月初三。就在李世民和他的幕僚們深夜密謀之際，天空中出現了太白星。這時候有個人把這一氣象，密奏高祖李淵，說是「太白星見於秦封地的分野，秦王會擁有天下。這人是誰呢？傅奕。他曾做過隋朝禮部的屬官。精通天文歷數。唐初任太使丞，又升太史令。現在看起來，這個傅奕算是唐初的自然科學家，曾反對過佛教，甚至建議李淵把十萬僧尼配成夫婦，繁育後代，益國足兵。這樣一個無神論者，這時刻提出如此荒誕的氣象預言，很難讓人相信他沒有受人指使。

接到密奏的李淵連夜召李世民來見。李世民和他的幕僚們很為難，李淵此時召見，篤定是有意想不到的事情發生。去不去見呢？去，恐怕凶多吉少；不去，皇上必生疑心，對兵變不利。

商議之後，李世民還是去了。他吩咐長孫無忌密奏李淵，指出李建成和李元吉淫亂後宮。這樣可以拖延時間。安排妥當，李世民便去見李淵。

不祥預感

出乎意料的是，李世民一到李淵那裡，李淵竟然拿出傅奕的密奏給他看，李世民看完，心驚肉跳，跪地哭訴道：這是說我謀反啊，對於兄弟我無所虧欠，如今他們要殺我，好像是要為王世充、竇建德報仇，兒臣冤死，魂歸地下，永遠離開君親，不見這些賊人，見了都感到羞恥，父親可隨意處置我！

恰在此時，長孫無忌的密奏來了。李淵閱完奏章，表情驚愕而憤怒，把奏章一扔，對李世民說：明日追查這個事，你應該早些來朝參。

這個炎熱夏夜，李淵內心有沒有一種強烈的不安？會不會有一絲不祥的預感到——就在明天，他將同時失去兩個親生兒子。

事實上，他做夢也沒想到。

這就是命

武德九年（公元六二六年）六月初四清晨。秦王李世民率領長孫無忌、尉遲敬德、侯君集、張公謹等人，在玄武門埋下伏兵。

還記得李世民收買了兩個人吧！一個是太子宮率更丞王珪，另一個是玄武門的值班將士常何。正是這個常何，使李世民等人順利進宮。

此時，張婕妤暗中得知了李世民密奏裡的內容。她急速通報太子和元吉。李建成遇事就找李元吉商量，今兒也一樣。李元吉的意見是，我們應該率領東宮、齊王府的兵馬，託病不上朝，看情況再說。李建成則認為兵防都已齊備，應該同去上朝。李元吉的意見，李建成幾乎都予以採納，唯獨這一回他沒聽從——這就是命。

那麼，李淵這時在做什麼呢？他打算召集裴寂、蕭瑀、陳叔達等人，詢問關於太子和李元吉的事情。

兄弟相殘

李建成和李元吉從玄武門進宮去面見父皇李淵，到了臨湖殿，發現殿周圍人馬閃動，感覺情況不妙。要說這兩兄弟反應也夠快的，立刻掉轉馬頭，飛一般往回疾馳，打算返回東宮府。但是，已經晚了。李世民拍馬追來，高喊李建成「大哥」，這是李世民最後一次呼喚自己的哥哥。李元吉看出李世民的意圖，舉起弓箭要射殺

《大唐裏坊圖》局部。有遊春、民間歌舞、飲宴和商客西來四個題材。

唐閻立本所畫《步輦圖》中的李世民。

李世民，不知是因為緊張，還是另有緣故，拉了三次也沒把弓拉滿，箭在中途落地。這就是命，這就是純粹意義上的你死我活，你可以說李世民是出於求生本能，他舉箭瞄準李建成，「嗖」一箭過去，將李建成射死於馬下。緊接著，尉遲敬德率領七十騎趕到，箭射李元吉，李元吉墜馬。此時，李世民的馬忽然受驚，直奔樹林，被樹枝掛倒，半天沒站起來。李元吉很快朝李世民跑來，奪了李世民的弓企圖將他扼殺。危急時刻，尉遲敬德追來，李元吉才放過李世民，往武德殿奔逃，尉遲敬德趕上，射殺了李元吉。

李建成喪命的噩耗很快傳到東宮，東宮翊衛車騎將軍馮立歎息說：他活著的時候，我們接受他的恩惠，他死了我們怎麼躲避他帶來的災難啊！隨後他與東宮副護衛車騎將軍薛萬徹、屈咥、謝叔方等人率領東宮、齊王府的兩千精兵飛奔到玄武門。李世民手下將領張公謹力大，將宮門緊閉，頗有一夫當關，萬夫難開的氣勢。薛萬徹軍無法進入。掌管宿衛兵的雲麾將軍敬君弘，駐守玄武門，挺身出戰，與內府中郎將呂世衡一起戰死。

宿衛兵和薛萬徹軍鏖戰很久，薛萬徹攻不開城門，就擊鼓喧囂，揚言要去攻打秦王府。這時候，秦王府的兵力都聚集在玄武門，府中只留下房玄齡、杜如晦等文官，還有李世民的妻子長孫氏，以及兩個孩子承乾和青鳥。秦王軍將士很惶恐，恰好尉遲敬德提著太子李建成和齊王李元吉首級趕到，東宮和齊王府的人一見首領的腦袋，立刻軍心渙散，作鳥獸散。薛萬徹控制不住局面，帶著數十騎兵倉皇逃往終南山。

東宮翊衛車騎將軍馮立最後幹了一件事——他殺了敬君弘，對他的部下說：這也足以回報太子了！之後，解散了軍隊，逃往郊野。

此時，皇帝李淵還丁點兒不知道玄武門的事情。突然，尉遲敬德全身披甲，手持長矛，闖入宮中。李淵很吃驚，大叫誰在作亂？你們來這裡幹什麼？尉遲敬德說：太子和齊王作亂謀反，秦王派兵討伐，現已將二人誅殺，恐怕驚動陛下，所以派我來保衛陛下。

五死一生

可以說，李世民這時已獲得了勝利。然而，他贏得實在很僥倖。人說九死一生，而李世民是「五死一生」：

第一死：李淵將傅奕的密奏給他看，說明李淵對這個秦王已存戒心，可以謀反罪將他誅殺。

第二死：太子和齊王密謀在昆明池對他下手，如果不反抗，必死無疑。

第三死：齊王李元吉的弓拉了三次沒有拉滿，當李世民跌倒樹林間，李元吉趕上要殺他，尉遲敬德出現了。這才逃過一劫。

第四死：雙方兵力之懸殊，東宮有長林軍，齊王手握征討突厥的統兵權。如果不是李世民收買了玄武門值班將士常何，先行進入宮中，後果不堪設想。再者，如果常何臨時叛變，李世民也將死於太子之手。

第五死：如果不是尉遲敬德提著太子和齊王的人頭及時出現，薛萬徹去攻打秦王府，勢必會拿長孫氏及其孩子相要脅，事情恐怕又是另一種結局，李淵會放過他嗎？

一切生死成敗，盡在轉瞬之間。這就是命。

共同設下毒計

歷史很無奈，但從不心軟。

事已至此，李淵沒有任何辦法。他問裴寂等人：沒想到發生這樣的事，沒想到他們兄弟之間，竟是這樣一個結局，現在應該怎麼辦？

心裡一直支持李世民而不敢公開的蕭瑀、陳叔達等人回答：當初，建成和元吉沒有參加起義，對於帝國的建立沒有功勞，因而他們嫉妒秦王，共同設下毒計，要加害秦王，如今秦王討伐他們，已將他們誅殺，秦王功蓋過世，全國歸心，陛下若封他為太子，將國事交付於他，就不會發生事端了，天下就太平了。

此刻的李淵，既遭受喪子之痛的打擊，又被驚嚇。極度悲傷、震驚中的李淵，已然沒了主意，只得聽從近臣的建議，他說這樣很好，這也是我的心願。

事情平息之後，李淵召見李世民，對他進行安撫。他撫摸著李世民的頭說：這些日子以來，朕差點被人言所誤。

李世民跪在地上，臉龐緊貼著父親的胸膛，泣不成聲，長久痛哭。他真的傷心，真的痛苦。他終於獲取了皇位，終於能執掌朝政國事，而得到這一切所付出的代價何其巨大。可悲的是，這一切值得還是不值得，由不得他做主。他忽然感到無比的空虛和悲慟，他為他的父親哭泣，為他的兄弟哭泣，也為自己哭泣。

玄武門事變後，李建成的兒子安陸王李承道、武安王李承訓、河東王李承德、汝南王李承明、鉅鹿王李承義，以及李元吉的兒子梁郡王李承業、漁陽王李承鸞、普安王李承獎、江夏王李承裕、義陽王李承度等，接二連三被誅殺。這就是宮廷政變的特點之一，失敗一方的親屬家眷無一倖免。講究的是斬草除根。

而且，李世民手下的將領們，還想殺盡李建成和李元吉府裡的數百人，並沒收他們的家產。正要動手，尉遲敬德出面制止，他

唐代的胡服，實際上是指西域地區的少數民族服飾和印度、波斯等外國服飾。比較常見的胡服形式是翻領窄袖袍、條紋小口褲、透空軟錦靴和錦繡渾脱帽，有的還佩有蹀躞帶。

大唐帝陵。

說：罪在兩個元兇，他們已經死了，若再濫殺無辜，宮廷會不安寧。將領們這才罷手。

就在當天，高祖李淵下詔說：赦免天下，叛逆罪人只是李建成、李元吉。其餘參與者，全不追究。國家政事由秦王處理。

六月初五，逃匿的馮立、謝淑芳等人，相繼投案自首。薛萬徹仍逃亡在外，躲藏起來。李世民屢次派人勸解，薛萬徹才回長安投案。李世民認為，這些人忠於他們的主人，是義士。全都不予追究。

對待東宮的將士，李世民的態度很寬容。而太子府和齊王府的男性家眷幾乎被殺盡，女眷則被收入宮中。只剩下一個，就是齊王李元吉的愛妃楊氏。這個楊氏很神秘，在新舊《唐書》的後妃傳裡都沒她。只是留下她和李世民的一段戀愛野史……

據說，這個楊氏原是長安城的一個舞伎，美艷異常，清純且勾魂，又善吟詩作賦，是一個極有品位的女人。相形之下，李元吉相貌粗鄙，性情陰鬱，他利用自己的皇室地位，將楊氏弄到手。楊氏猶如一朵鮮花插在那什麼上。可是，婚後沒多久，李元吉就厭倦了這朵花，又去找別的花往自己身上插。楊氏呢，便獨守空房，任青春年華落花流水而去。李世民與楊氏結識後，總是尋找機會接近她。

玄武門政變時，楊氏二十三歲，目睹自己的丈夫慘死在親人手裡，對李世民是又愛又恨。後來，在長孫皇后的同意下，將李明過繼到齊王李元吉的名下。《舊唐書》記載：「詔令繼巢敕王元吉後。」就是說，這個過繼給齊王李元吉的當兒子的李明，最終被地方官員殺死。但是，沒有關於楊氏這個齊王妃的記載。所以，關於李世民「殺弟奪妻」一說，「殺弟」是真，「奪妻」未必能成立。

玄武門之變後兩個月，李淵詔令傳位於新太子李世民。李世民聽信房玄齡等人的勸解，推辭不接受。李淵只好退位，為太上皇，李世民即皇帝位於東宮顯德殿，自此開創貞觀盛世。而玄武門政變，終究是李世民人生中慘痛又黑暗的一筆，無法抹去。

煙幕

誰製造胡惟庸案？

胡惟庸當了宰相，執政僅兩年半便被殺。野史裡有一個關於「雲奇告變」的故事，講述內史雲奇揭發胡惟庸暗殺明太祖朱元璋的意圖，朱元璋急忙派兵逮捕胡惟庸，將其赴市正法。

不過，事情真的就是如此簡單嗎？胡惟庸真有謀反之心嗎？為什麼有人指出胡惟庸的死因，是別有用心者刻意發放的煙幕？

「雲奇告變」發生的時間約在公元一三八〇年的夏天：一天，位居中書左丞相的胡惟庸請朱元璋駕臨到他府上觀賞「醴泉」。所謂的「醴泉」，就是一口井，據說這井裡的泉水像美酒一般香醇清新。胡惟庸告訴朱元璋，這是祥瑞之兆，並請朱元璋前來看看。

朱元璋很好奇，於是西華門出宮，往胡惟庸府上去。護衛他的車隊走了沒多遠，有人從道路旁邊衝出來攔駕。衛士以為是刺客，衝上去對攔駕的人拳打腳踢。

事實上，這人根本不是刺客，而是西華門的內史雲奇。挨了一通亂打，雲奇奄奄一息地指著胡惟庸府的方向，說不出一句話。朱元璋順勢一看，這一望可把他冷汗直標！只見胡府亭台上站著很多披甲執劍的武士，埋伏在走廊和牆後。

擺明胡惟庸就要謀反！要暗殺自己！朱元璋急忙派兵前去圍剿，結果一把就逮住胡惟庸，將其赴市正法。

而那位「大忠臣」雲奇被打後，傷勢過重，很快也死了。

事情真的就是如此簡單嗎？胡惟庸真有謀反之心嗎？

大茄變主角

朱元璋當皇帝以前，胡惟庸的官職一直不高，最高亦只是做到

宰相胡惟庸被指欲暗殺明太祖朱元璋。

明太祖朱元璋。

正三品太常卿。這個官其實沒什麼大權，主要負責祭祀和禮儀等瑣碎事務。先前他還擔任過縣令、通判等職務。

直到明軍奪取了元朝首都大都城，胡惟庸才當上中書省參知政事。由於明朝只是延續元朝的舊制，這中書省就是國家的最高部門，下管六部和各地行政機構，參知政事是從二品的官兒。

朱元璋的第四選擇

當時，明朝的宰相是跟著朱元璋起家打天下的韓國公李善長。可是這位政壇重量級人物年老多病，未能處理政務。一切事務實際上都是由右丞相楊憲作主。在這種形勢下，朱元璋打算換個年輕點的代替李善長。他首先想到了劉伯溫。

劉基，字伯溫，諡曰文成，浙江青田人。他是元末明初的軍事家、政治家及詩人，通經史、曉天文、精兵法。以輔佐朱元璋完成帝業、開創明朝並使盡力保持國家的安定，因而馳名天下，被後人比作為「諸葛武侯」。

當時亭台上站著許多執劍的武士，埋伏在走廊和牆後。

刺殺事件事發地點——西華門。

可劉伯溫卻不答應，一次又一次推辭。朱元璋沒辦法，就問劉伯溫：「如果換掉李善長，誰可以做丞相？」

劉伯溫十分警覺，馬上說道：「這要陛下決定。」

朱元璋接著問：「你看楊憲這個人怎麼樣？」

劉伯溫對楊憲的評價褒貶參半，說此人能力是有，可器量狹窄。如果當了宰相，恐怕不能做到公正。

就這個評價，朱元璋就把楊憲從候選名單中畫去。

接著，朱元璋又說了一個人：中書省左丞相汪廣洋。

劉伯溫這次回答更糟糕，說此人的器量還不如楊憲。他說：「此人很淺薄，不可以。」

左也否決，右也否決，朱元璋想了又想，想到了胡惟庸。

豈料，劉伯溫說：「胡惟庸是匹劣馬，哪能駕車？」這麼一來，朱元璋所提的人選一個都不合適？朱元璋深感被人落了面子。朱元

「胡惟庸是匹劣馬，哪能駕車？」

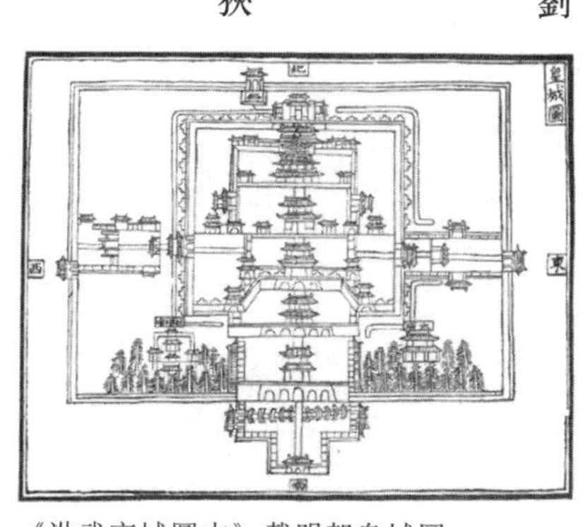

《洪武京城圖志》載明朝皇城圖。

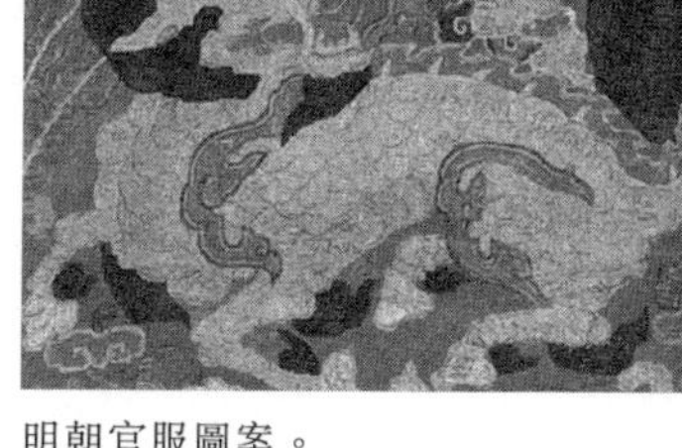
明朝官服圖案。

璋心中有火，於是堅持己見，頒佈兩道任命：一道是任命汪廣洋為右丞相，另一道是將胡惟庸從參知政事擢升為左丞相。

這劉伯溫確是個烏鴉嘴，又是個預言家。他說汪廣洋不能擔當丞相一職，果然給他說中。這汪廣洋不但喜歡飲酒，還不理朝政。朱元璋一氣之下，把他貶為廣東行省參政。右丞相的位置又懸空了。誰來接替呢？這個時候，李善長這個掛名「太師」的人隱居了，汪廣洋也給貶了。楊憲呢？他因經常在朱元璋面前打劉伯溫小報告，惹來朱元璋的不滿，於是就剩下個胡惟庸。

這樣，胡惟庸當上宰相，獨攬朝政大權。

恃寵生驕？

這胡惟庸和汪廣洋不同。汪廣洋是個玩家，胡惟庸是個幹實事的人，辦事能力很強，因此得到朱元璋的寵信。

本來就是一步登天，再被聖上一寵信，胡惟庸漸漸變得驕橫狂妄。

在朱元璋登基前，胡惟庸最高只做到正三品太常卿。圖為明朝一至四品高官一般穿著的袍。

根據《明史》中的記載，胡惟庸的越軌行為可歸結為三方面：

第一，辦事不彙報朱元璋，自個兒獨斷專行。

第二，私拆朝廷各部上奏朱元璋的奏疏，將對自己不利的私藏起來。

第三，收受賄賂，要升官的、犯錯了想逃避處罰的，都給胡宰相送禮。禮物五花八門，有珠寶有名馬有古玩。胡惟庸從來就不拒絕，只要你肯送，我就捨得收。

那麼，權力欲高速膨脹的胡惟庸，這時候還不滿足嗎？他一定要謀反，除掉朱元璋自己登上帝位？

「找頭代罪羔羊，誰呢？」

看一看洪武十三年，公元一三八〇年正月朱元璋給胡惟庸最初定的罪名，並不是謀反，而是「擅權植黨」。這一罪名要從洪武十二年，公元一三七九年九月說起，當時占城國來進貢，可是接待人員沒上報給朱元璋。這事讓一個宦官知道了，就私下通報給朱元璋。朱元璋龍顏大怒，立即責問胡惟庸和汪廣洋。這兩人磕頭請

國朝御制源流
文武官員品級
全補府縣土產
增附天下路程
合併四夷風俗
諸夷總覽
進賢堂詹林所梓
大明官制

直到明軍奪取了元朝首都大都城，胡惟庸才當上中書省參知政事。

跟朱元璋起家打天下的韓國公李善長。

罪，申明說這個事情應當由禮部負責，所以過錯在於禮部。

朱元璋質問禮部。禮部又推向中書省，說這事兒應該由中書省負責。

這可把朱元璋給氣壞了，你推我，我推你，踢球嗎？於是，他下令將所有相關官員都關進牢獄。

雖然這次事件只是一次辦事人員疏忽大意，可朱元璋不這麼想，他感覺受了一夥大臣的蒙騙，被人落面子。但由於查不到真兇，於是只得找頭代罪羔羊，誰呢？倒楣鬼汪廣洋！朱元璋將他賜死。

本來這事發展到這裡，也算告一段落，哪知道節外生枝——這汪廣洋有個叫陳氏的侍妾，汪廣洋死後，她自殺殉夫。

朱元璋認為這個女人品德很高尚，要給予表彰。可一查這陳氏的出身狀況，才知道她是犯官之女，被賣為官奴的。按照規定，官奴只能賜給功臣，不能納為妻妾。朱元璋再度憤怒，再一次審查相關人員。這次審查六部官員，包括胡惟庸都受到牽連。

這麼一搞，朝中人心惶惶，相互彈劾。各人都想盡快將對方整倒，把自己從是非堆裡抽身離去。

公元一三八〇年正月，大臣們紛紛上疏彈劾胡惟庸。

先定罪，後搜證

御史中丞塗節誣告胡惟庸有謀反篡位之心。前御史中丞商嵩也彈劾胡惟庸，說他擅權。朱元璋派人徹查胡惟庸，並未查處謀反跡象，所以，先定了個「擅權植黨」的罪名。沒多久，又加上其他罪名，包括：勾結北元、勾結倭寇等。

案件審理足足十年，不僅「查出」胡惟庸的諸多罪惡，而胡惟庸的同黨也遭暴露出來，這其中有太師李善長、大將陸仲亨、名臣宋濂等，受株連而喪命的達三萬多。

由此可見，所謂「雲奇告變」一事，是野史學家的段子，並非歷史真相，這是其一；其二，胡惟庸真的有那麼十惡不赦嗎？

犯案動機

我們知道胡惟庸擔任宰相的時間，他從洪武十年開始當宰相，到洪武十三年被處死，算起來總共的執政時間才兩年半。如果他要謀反，勢必需要一系列的安排和籌劃。

胡惟庸雖然當了宰相，可終究是一個文官，手裡也沒掌握兵權。如果他要造反，只有拉攏有兵權的人。他拉攏了嗎？準確點說，是乘虛而入。

朱元璋手下的武將大多是開國功臣。所以居功自傲，驕縱枉法。遭到朱元璋訓斥、貶官後，懷恨在心。這就給胡惟庸提供了一個空間。他將這些人拉攏，作為自己的黨羽。

這裡頭有兩個關鍵的人物：一個是吉安侯陸仲亨，一個是平涼侯費聚。他們很快和胡惟庸結成死黨。胡惟庸利用他們招兵買馬。不過，胡惟庸並不是要造反，而是為應付變局所作的準備。這之後，胡惟庸還把老上司李善長拉下水，他把自己的女兒嫁給李善長的侄子李佑為妻。然後利用李佑去游說李善長。年事已高的李善長已經沒辦法制約胡惟庸等人，只得說，我年紀老了，你們等我死了再胡作非為吧。

這一切說明胡惟庸具有謀反之心，但沒有下定決心謀反。

大明天子狩獵圖。左面佩刀的是錦衣衛。他們直接聽命於皇上，可逮捕任何人，包括皇親國戚。

劉伯溫因其神機妙算，被後人比作為「諸葛武侯」。

「單以這條罪名將他處死，好像說不通」

其實，胡惟庸的謀反之心多半在於自保。因為朱元璋對王朝內部權勢顯赫的王侯將相越來越猜疑，加上那些開國功臣的驕縱違法，官僚中形成各派集團，有文武大臣之間的矛盾，有淮西集團和浙東集團之間的矛盾，他們互相傾軋排擠，在朱元璋面前攻擊對方。面對這個局面，朱元璋必須向曾經與他並肩作戰和同甘共苦的兄弟們開刀。而官僚集團之間的相互攻擊，恰恰可以為朱元璋所利用，他可以一個個地來收拾他們。

胡惟庸當然撞在刀口上，朱元璋以「擅權植黨」的罪名殺了他。同時被殺的還有陳甯、塗節等數人。可是，單以這一條罪名，就把宰相給處死了，實在有些說不通，於是，在胡惟庸死後，案子又接著調查，又給胡惟庸加上「通倭」、「通寇」和「謀反」的罪名。並且案件不斷牽連擴大。

借力打力

到了十年後，案件又有了新的突破。洪武二十一年，即公元一三八八年，明軍與北元軍交戰。所謂「北元」，就是元順帝被趕

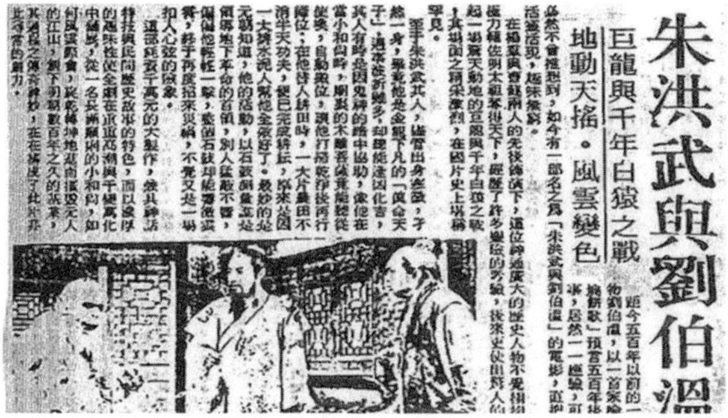

朱洪武與劉伯溫

巨龍與千年白猿之戰

地動天搖・風雲變色

朱元璋與劉伯溫間的故事，曾被拍成電影。

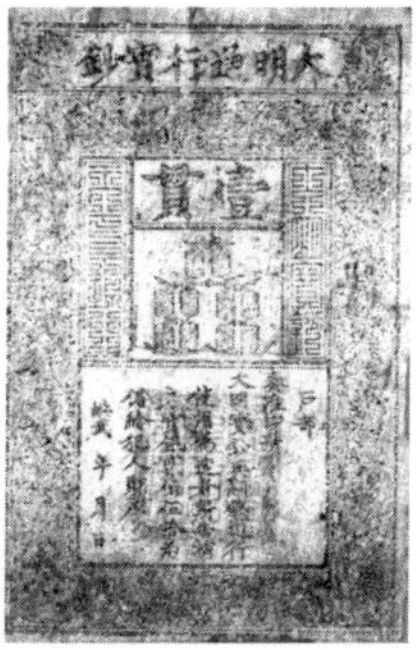

明朝發行的紙幣。

出大都後，逃回北部草原，史稱「北元」。這北元軍中有一名將領叫封繼，他在明軍大將藍玉北伐時被俘。據他供認，宰相胡惟庸曾經通過他與北元太子愛猷識理達蠟聯絡，打算向北元借兵，推翻朱元璋的大明王朝。朱元璋一直不知道這件事，因為封繼被押回南京後，居然被李善長給藏匿了起來。

同年五月，封繼再度被捕。招出這件事。太師李善長自然就給牽扯進去，與此同時，他的家奴盧仲謙，以及陸仲亨的家奴封帖本等人，紛紛向朱元璋告密，說李善長、陸仲亨等人曾參與胡惟庸的「謀反」，是「胡黨」中人。

於是，洪武二十三年，朱元璋以「與胡惟庸私通謀反」的罪名，將李善長、陸仲亨、毛麒、趙庸、鄭遇春、黃彬、陸聚、金朝興、葉昇、李伯昇、丁玉等人全部誅殺，受到株連的有三萬餘人。並以《昭示奸黨錄》公告天下。這時候的李善長已經七十七歲，朱元璋念他年紀已老，賜他自縊，而他的家屬七十多口全部被誅殺。

第二年，虞部郎中王國用上疏朱元璋，為李善長申冤。由此可

朱元璋經歷過多次部將謀叛事件。

見，當時人們認為李善長等人是被冤屈的。

賊喊捉賊

從根本上說，胡惟庸案的發生，來自於朱元璋的猜疑和不信任。而朱元璋這種猜忌心理很早就形成了，早在農民戰爭期間，他就嚴密防範部下將領，為防止他們叛變，凡是將領出征，就把他們的妻子留在京城做人質。就這樣仍不放心，還派心腹去監軍。即便如此，也是防不勝防，在嚴酷的戰爭中朱元璋也確實曾經歷不少部將謀叛的事件，我們說其中兩件：邵榮和謝再興謀叛事件。

邵榮謀叛事件

紹榮是與朱元璋一同起事的戰友，驍勇善戰。至正十八年，公元一三五八年，紹榮和徐達一起攻克宜興，至正十九年敗張士誠軍於余杭。《明通鑒》記載：「太祖自起兵，所任將帥最著者，徐達、常遇春與榮為三，而榮尤宿將善戰。」因為屢立戰功，紹榮被擢升為中書平章政事，地位在常遇春之上。

錦衣衛腰牌。

坤寧宮是明朝皇后的住所。

可是，至正二十二年的時候，紹榮自處州平定苗軍叛亂回應天，與參政趙繼祖密謀擊殺朱元璋，被宋國興告發。朱元璋立即派兵搜捕了紹、趙二人，用鐵鍊鎖著，備下酒食，然後和二人一起喝酒，朱元璋問：「我與爾等同期濠梁，望事業成，共用富貴，為一代之君臣，爾如何要謀害我？」

紹榮回答說：「我等連年出外，取討城池，多受勞苦，不能在家與妻子相守同樂，所以舉此謀。」

趙繼祖接著說：「若早為之，不見今日，獵狗在床下死，事已如此，泣何益，惟痛飲。」

朱元璋聽了以後，就把他們二人縊死了。

謝再興謀叛事件

再說第二個：謝再興謀叛事件。

謝再興也是朱元璋的舊將。而且，他還是朱

明朝瓷器。

元璋侄兒朱文正的岳父。朱元璋稱他為「親家」。

至正二十二年，謝再興守衛諸暨。當時，金華、處州的苗軍反叛朱元璋，張士誠乘機派張士信率軍進攻諸暨。謝再興苦戰二十多天，打敗張士誠軍。這次戰鬥後，謝再興派自己的心腹左總管、麋萬戶兩人私往張士誠的佔領區杭州販賣物品，結果被朱元璋查獲。朱元璋怕洩露軍機，就殺了這兩個人，並且把兩人的頭顱懸掛到謝再興的辦事廳裡，這對謝再興來說，是一種侮辱性的警告。

這之後，朱元璋又擅自做主把謝再興的次女嫁給徐達，又派參軍李夢庚去節制諸暨兵馬，降謝再興為副將。這讓謝再興憤怒至極，連續受辱，明擺著拿人不當人，得，此處不留爺，自有留爺處，謝再興捉了李夢庚，到紹興去投降了張士誠的部將呂珍。

這兩宗反叛事件，對朱元璋的影響是十分深刻的。他在當皇帝之前，就考慮到如何對待功臣宿將的問題。

明王朝建立後，為了使王侯將相忠於他的朱明王朝，為了預防臣僚的反叛，朱元璋採取了種種手段和措施，可是他總是不放心。因此，胡惟庸一案的發生絕不是偶然，此案的發生，既是官僚各派集團的權利鬥爭所致，更是朱元璋對王侯將相、昔日部將始終不信任所致。

朱元璋是一個只相信自己的帝王。這樣的帝王，最終成為冤案的製造者，即便胡惟庸一案不是冤案，但牽連甚廣，使太多無辜者都付冤屈中。

朱元璋容貌之謎　臣下的悅心術

明太祖朱元璋生前有兩張主要畫像流傳至今，但形態各異。如今這兩張畫像一張保存在北京故宮博物院；一張懸掛在南京明孝陵的享殿內。流傳在民間的更多不勝數。

朱元璋的兩張畫像為何形態各異？在民間有個傳說故事。相傳朱元璋登基後，詔傳天下丹青妙手，為自己畫像。第一位被召進宮的畫師，對坐在龍椅上威風凜凜的朱元璋，悉心描摹，畫得惟妙惟肖，不但形似而且神似：黑黑的大臉，額頭和太陽穴高高隆起，顴骨突出，寬闊的下巴要比上顎長出好幾分。大鼻子，粗眉毛，一對眼睛鼓鼓的，放射出冷酷兇狠的光芒。朱元璋看後，龍顏大怒，雙手將腰間的玉帶直往下按，據說這是朱皇帝要殺人的習慣性動作。畫師嚇得魂不附體，也不知出了什麼差錯，跪倒在地不停地磕頭，口中連聲說：「皇上聖明，皇上聖明！」只聽得朱元璋大吼一聲：「來人，給我拖出去！」就這樣，畫師被砍掉了腦袋。

第二位畫師被召進了宮裡，畫得更加用心，將朱元璋的像畫得惟妙惟肖，但同樣被拖出去斬首了。

第三位畫師很聰明，他悟出了前兩位畫師被殺的奧秘，在描摹時只是臉型的輪廓有些像朱元璋，但卻畫得滿臉和氣，在慈祥仁愛中，又顯得威嚴沉穩。朱元璋看後，龍顏大悅，重賞了畫師，並詔諭將這幅畫像摹寫了許多本子，分贈給諸王和公主。

另據《明史》本傳記載：朱元璋「姿貌雄偉，奇骨貫頂」。應說這是一副奇特古怪，長相不雅的容貌。

流傳至今的比較「順眼」的朱元璋畫像

和朱元璋本人比較接近的畫像

... Kang Youwei.

... qui avait su ...
... au jeune souverain, ...
... une série de réformes ...
... administratives, ...
... qui auraient ...
... l'empire en monarchie ...
constitutionnelle. « ...
... en trente ! » proclama Kang ...
sant allusion à la réforme de ...
Meiji, qui venait de transform...
l'archipel nippon en une nou...
puissance asiatique.

Tant d'audace provoqua l'...
des milieux conservateurs, d...
Xi était le relais au sein de la ...
interdite. Après la promulgat...
le 11 juin 1898, d'un édit impé...
annonçant le plan de réforme...
l'impératrice douairière et sa ...
qui organisèrent un putsch. ...
xu fut dépouillé de ses pouv...
et placé en résidence surveillé...

Cet épisode restera dans l'...
toire sous l'appellation de « ...
me des Cent Jours », durée d...
de cette tentative de remise e...
question d'un ordre millénai...
moment où l'empire vacillait ...
la pression des puissances ét...
gères. « *Si les réformistes ava...*
reussi, la Chine aurait été plus ...
dement menée sur la voie de la
modernisation et du développe...
ment », explique Zhu Cheng...
vice-directeur du départeme...
d'études et de compilation d...
archives de la dynastie Qing.

Selon Zhu Chengwei, il ...
fort probable que Ci Xi ait d...
de supprimer, dix ans après ...
réformes avortées, l'empe...
Guangxu. Peu de temps ...
mort de son neveu ...

... dernier empereur de Chine ...

暗戰

光緒死因之謎

晚清歷史上有兩個驚心動魄的時刻：

一個是光緒三十四年十月二十一日酉正二刻三分，即一九〇八年十一月一日下午五時三十三分。光緒帝死亡，終年三十七歲。

另一個是光緒三十四年十月二十二日未時，即下午一時至三時。慈禧太后在儀鸞殿死亡。

也就是說，在廿二小時之內，這對母子相繼去世，死亡時間的詭異與巧合，光緒帝與慈禧之間早已存在的政治矛盾，不得不讓人感覺，光緒帝的死亡背後，陰藏一個驚心而巨大的陰謀。

光緒帝和慈禧太后的死，繁衍出種種猜測和議論。

第一種說法：毒死　疑兇：慈禧太后

慈禧知道自己即將歸西天，不願意在她死後，光緒皇帝重新掌權，派人毒死了光緒帝。主要依據有清末給光緒看病的名醫屈桂庭。在他的回憶錄中說：「光緒在臨死前三天，在床上不停地翻滾，並且不停地大叫，『肚子疼得不得了。』臉色發暗，舌頭又黃又黑，明顯是中毒症狀。」根據這種說法，光緒是被毒死的，最大的嫌疑人是慈禧太后，因為她是當時最有權勢，又嚴密控制光緒帝的、最好下毒、最可能下毒的人。

此說法的依據和記錄有《清室外記》、《清裨類抄》和《崇陵傳信錄》。

第二種說法：毒死　疑兇：袁世凱

袁世凱見慈禧一病難起，怕慈禧死後，光緒掌握實權，報復自己在戊戌變法時出賣皇帝的行為，於是賄賂宮廷宦官，用劇毒藥物

清朝皇帝光緒。

清朝的國旗。

害死光緒帝。這種說法最有權威的依據是清朝最後一個皇帝溥儀的說法，溥儀說：「我親耳聽到一個侍候光緒帝的老太監講：『光緒帝死前一天，只是用了一劑藥，才變壞的。後來才知道這劑藥是袁世凱送的。』」

第三種說法：毒死　疑兇：李蓮英

太監李蓮英得悉光緒帝的日記中載有西太后死後將誅袁世凱和他的消息，與慈禧一起陰謀將毒藥投入光緒帝的食物中致使光緒帝中毒身亡。

第四種說法：肺結核病　疑兇：未有

這幾年來有專家根據光緒帝生前的病歷，結合當時的歷史背景和現代中醫學理論，推斷光緒帝是因為嚴重肺結核病加上其他併發症，導致死亡的。

歷史背景的根據是光緒二十五年正月初二日，太醫朱琨等為光緒帝診得脈案：「口渴思飲，喉癢嗆咳，氣不舒暢，心煩而悸，不耐事擾，時作太息。目中白睛紅絲未淨，視物朦朧……耳內覺聾，時做轟聲。胸中發堵，呼吸語言，丹田氣覺不足……夜寐少眠，醒後筋脈覺僵，難以轉側……」

第五種說法：腎虧　疑兇：未有

光緒帝有嚴重的腎虧，加上光緒帝從小身體虛弱，幼多病有長期遺精史。《病原述略》中說：「遺精之病將二十年，前數年每月必發十數次，近數年每月不過二三次……冬天較甚。近數年遺泄較少者，並非較愈，乃系腎經虧損太甚，無力發洩之故。」

光緒帝有這樣一種病症，再加上從幾歲起就受慈禧的壓制，長期處在緊張之中，後來在做皇帝時更是經歷一連串的挫折和打擊，病情逐漸加重，引起一系列呼吸道、消化道等併發病症，最後病亡。這一說法主要依據是光緒生前的病歷和光緒生前自己的一段回憶。

屍體出的謎題

究竟哪一個說法更接近於事實呢？光緒帝的確切死因到底是什麼？史學界關於光緒死因的辯論從未停止，懷疑謀殺說和正常死亡說幾經交鋒，卻一直沒能形成學術定論。

而據最新的研究認為，光緒帝是死於砒霜中毒。有研究人員先

一九〇八年十一月十四日光緒離世，享年三十八歲。

光緒崇陵是中國封建社會最後一個皇陵。

後提取了光緒分別長二十六厘米、六十五厘米的兩小縷頭髮，清洗後晾乾，剪成一厘米長的截段，逐一編號、稱重和封裝，然後用核分析方法逐段檢測光緒頭髮中的元素含量。

結果顯示，光緒頭髮中含有高濃度的元素砷，且各截段含量差異很大，第一縷頭髮的砷高峰值出現在第十段（二四〇四微克／克），第二縷頭髮的砷高峰值出現在第二十六段（三六二一.七微克／克）和第四十五段（二〇二一.一微克／克）。而同時對比測試的頭髮砷含量，當代人為〇.一四至〇.五九微克／克，與光緒同時代並埋在一起的隆裕皇后為九.二〇微克／克，清末一個草料官乾屍頭髮為一八.二微克／克。

藏在頭髮的證據

後來，又按照規範的法醫檢驗要求和方法，提取了光緒遺骨及衣物樣品測試，結果肩胛骨、脊椎骨和每件衣物的胃區部位和領肩部位的含砷量很高；內層衣物的含砷量大大高於外層。再對光緒棺

崇陵內望。

崇陵地宮工料之精、耗銀之多也是相當可觀的。

槨內、墓內物品和陵區水土等進行對比實驗，結果表明光緒頭髮上的高濃度砷物質並非來自環境沾染。最後他們得出結論：光緒頭髮上的高含量砷並非為慢性中毒自然代謝產生，而是來自於外部沾染；大量的砷化合物曾存留於光緒屍體的胃腹部，屍體腐敗過程進行再分佈，侵蝕了遺骨、頭髮和衣物。而砷化合物也就是劇毒的砒霜。

經過科學測算，光緒攝入體內的砒霜總量明顯大於致死量。

按照這一研究，那麼就與第一種說法一致——光緒帝是被謀殺的，那麼謀害他的最大犯罪嫌疑人就是慈禧。

設計毒死光緒

慈禧為什麼一定要謀害光緒帝呢？原因有五：

第一，光緒帝與慈禧太后之間積怨太久，仇恨太深，早已到了勢不兩立，有我無你、有你無我的地步。在中法戰爭前，他們之間關係還是友好、親密的，但由於在中法戰爭中，他們一個主戰一個主和，對戰爭的分歧太大，他們的親密關係蕩然無存，矛盾和仇恨

崇陵光緒帝靈柩。

光緒愛妃珍妃。

開始出現。後來經過光緒「親政」、甲午戰爭、戊戌變法失敗、準備廢掉光緒帝的大阿哥事件、光緒「愛妃」被害等事件，他們之間已到仇深似海、你死我亡的地步。慈禧也多次想害死光緒帝，慈禧極為害怕自己死後，光緒報復她，讓她死後不得安寧、死不瞑目，所以她預先設計毒死了光緒。

第二，慈禧歷來心狠手辣，狠毒無比，她是公認的中國歷史上三個最狠毒的女人之一（其他兩位是呂后、武則天），被她害死的人不計其數。比如：肅順、珍妃。所以對既是她侄子，又是她外甥的光緒，她也會毫不留情地下殺手。

第三，不管光緒帝是否有癆病、腎病，但這兩種病都沒有嚴重到置他於死地的地步。大家知道癆病到了不停地大口吐血的地步，才是比較嚴重。在光緒的病歷中根本沒有「吐血」記載，說明光緒的癆病不是很嚴重。因此光緒死於癆病、腎病的說法是不能成立的。另外光緒死前幾天的病歷突然將光緒的病描述得很嚴重，使人感覺到光緒是正常死亡。這一點十分可疑，請不要忘記了給光緒帝

袁世凱被指毒死光緒。

光緒母親慈禧太后。

太監李蓮英。

看病的全部過程都在慈禧監視和掌握之下，光緒死前幾天的病歷極有可能是慈禧出於不可告人的目的派人「偽造」的。

第四，戊戌變法失敗後，慈禧太后將光緒帝關在中南海瀛台，整整十年間，光緒帝一直處在囚禁狀態。瀛台是中南海一個四面環水的小島，與陸地相連的只有一個木板橋，島上慈禧派了二十多個心腹太監日夜嚴密監視光緒。整個紫禁城、中南海已是戒備森嚴，加上瀛台更嚴密的保安措施，外人是非常難以進入瀛台的，更何況外人根本不熟悉中南海一帶的地形。並且光緒帝吃住還有一套安全程式。別說外人，就是一個長期生活在宮中的人都難以接近皇帝。所以根據以上情況推斷，害死光緒帝的不可能是袁世凱，只有嚴密控制中南海、瀛台，大權在握的慈禧才有最大嫌疑。

第五，光緒帝在死亡前一天，向全國發佈詔令，命令各地總督巡撫尋找名醫名方，推薦進京，為皇帝治病。這件事起碼說明了兩點，一是皇帝這時非常清醒，不像一個意識模糊、即將升天的人；二是皇帝對治好自己的病充滿信心。但是就在第二天皇帝就突然死了，令人感到奇怪。

光緒帝手書。

光緒朝公使覲見皇帝時的照片，外國公使正在向光緒皇帝行鞠躬禮。

兩道詔令

還有一點更讓人奇怪的是：就在同一天，也即在慈禧死前兩日，清朝廷以光緒帝的名義發佈兩道詔令。

第一道：命醇親王之子溥儀，在宮內教養，並在上疏房讀書。

第二道：授溥儀之父載灃為攝政王。

這兩道詔令意思很清楚，一旦皇帝升天，就讓溥儀繼位，讓溥儀父親載灃主持朝政，輔助年幼的新皇帝。這兩道命令是誰下的？不可能是光緒帝，因為光緒帝早已無權力，更沒有可能指定自己的接班人。最有可能下這道命令的人是誰？慈禧。

為什麼慈禧要下這兩道詔令？從中看出兩個問題。

一、慈禧自己的病已非常嚴重，到了最後關頭，已到了不得不對後事進行安排的地步。但這一天光緒正好下詔令遍求全國名醫，為他治病。

二、慈禧已經決定，要光緒帝死在她之前。道理很簡單，如果

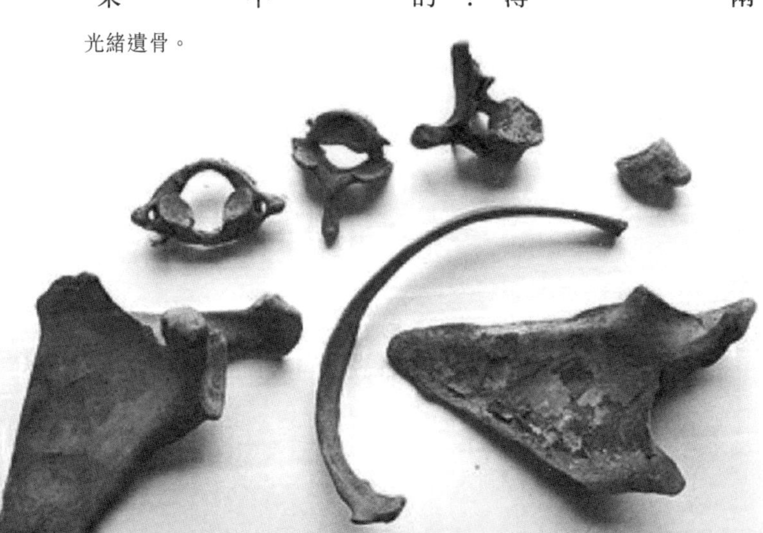

光緒遺骨。

光緒死在她後面，這兩道詔令就成了一紙空文。因此，慈禧發了兩道詔令，就是要光緒帝在她之前死。

果然，詔令下達第二天，光緒升天，溥儀繼位，載灃監國，第三天，慈禧嗚呼哀哉，上了西天。結果與慈禧設計的一樣。

由此可見，關於光緒死因，第一種說法似乎更接近於真相。

有指光緒與慈禧太后間的不和，是導致他遭毒殺的原因。

光緒的髮辮。

騙局

嚇死秦始皇的神秘預言

華陰縣平舒道上，杳無人跡，活像條被遺忘的街道。沿途滿目蕭瑟，深秋落葉鋪滿一地。

天色漸暗，出使關東的秦國使者駕著馬車行經上址時，陣陣涼意由後脊穿透心窩。眼看就要駛出了平舒道之際，前面忽地來了個黑衣人，擋在路中。

黑衣人手裡拿著一塊玉璧，放到使者手裡。使者狐疑接過，未及開口之際，對方就搶先說：「今年祖龍死！」

祖，就是始祖，是人之先；龍，乃君之象。意思是說：今年秦始皇要死。

使者被嚇得魂不附體。回過神再想找黑衣人問個明白時，對方已不知去向。

秦始皇定睛細看這塊玉璧，發現這塊玉璧不是別人，正是他自己的一次南巡時，不慎掉落江中的。時隔幾年，它神奇地回到了秦始皇手上，難道是神靈的安排？事件又如何和皇位繼承權扯上關係？

隨著始皇一去，藏在各人的心魔更陸續浮上水面，上演一場爾虞我詐的攻心計。

我們先將鏡頭返回平舒道上的使者。

由於事關重大，使者只好加速向秦國首都咸陽，向始皇稟報這宗詭異事件。

這一天，是始皇三十六年，公元前二一一年深秋的一天。

使者回到咸陽，立刻向秦始皇匯報事發經過。秦始皇心驚膽顫，儘管這種詛咒他的預言已不是首次遇到，可對這位極度迷信的皇帝來說，今次無疑直插他的心房，甚至迫他憶起那條夢魘般的詛咒——

恐怖回憶

「阿房、阿房，亡始皇。」這押韻的流行小調，流傳於始皇二十六年，即公元前二二一年。當時，百姓民夫修築阿房宮，負擔沉重。這條反動口號無疑是民眾的心聲。

神秘怪石從天而降

轉眼過了十年，到了始皇三十六年，即公元前二一一年，又出現第二個詛咒。這一回更詭異——在秦國的東郡，一塊隕石自天上掉下來，而最令人驚愕的是：石頭上竟然刻有六個大字：「始皇死而地分」。

「肯定是有人在搞鬼！」朝中大臣議論紛紛。

御史受命前往秦國東郡徹查此案。由於案件相當棘手，御史只能靠推斷尋找作案嫌疑人。而圈定的作案嫌疑人有兩類：一類是平民百姓，當時賦稅繁多，刑罰嚴酷，人民難堪重負，出於怨恨，因此作出類似的反動行為洩忿。另一類嫌疑人可能是被秦吞併的六國舊貴族或他們的後裔。他們在抗秦的戰爭中受到打擊，對秦始皇已痛恨到無以復加的地步。但他們無力反抗，更談不上復辟，故只能泄泄私憤，在石頭刻上反動標語。

「寧可錯殺三千，也不放過一個！」

最令御史頭疼的是，他根本找不到半點證據。即使多次審問，亦沒人敢承認，因為承認就是自尋死路。

御史感到兩難，他既不能把所有嫌疑人都殺掉，但又怕沒法子向朝廷交代。

秦皇陵。

秦代兵馬俑被譽為「世界第八大奇蹟」。

限期破案的時間一天天近了。御史慌亂，情急之下，掘頭皮琢磨出一條對策——「殺人燒石」，即是把那塊惹禍的石頭燒掉，讓石頭上的詛咒化為灰燼；然後，將隕石降落地點附近的百姓民眾統統殺光。

「寧可錯殺三千，也不放過一個！就這樣決定。」御史暗自盤算。

御史回到宮中，將案件處理結果稟告秦始皇。

秦始皇面無表情，既不氣惱，也不高興。對於御史的無能，他沒有褒獎也沒降罪。他知道，此案再查下去也是一樁懸案，不得不就此了斷。

案草草結了。

遺失落江中的玉璧

沒多久，令秦始皇更意想不到和崩潰的事情發生了——神秘人物閃現華陰縣平舒道，留下一塊玉璧，留下一句恐怖預言：「今年祖龍死！」

萬里長城建於秦朝。

秦始皇定睛細看這塊玉璧，又叫來官員仔細查驗。查出的結果險些讓秦始皇當場暈倒！這塊玉璧不是別人的，竟是秦始皇自己的！始皇二十八年，公元前二一九年他南巡時，經過長江，不慎將這玉璧遺落江中。時隔幾年，它神奇地回到了秦始皇手上，難道是神靈的安排？難道神靈預告自己今年得死？

想到這裡，秦始皇的精神猶如被重拳猝然一擊，瞬間委靡，身子有千斤重，腳卻如踩棉花，心跳猛烈，脈搏倒弱了。

前事完。

揪出內鬼

實際上，秦始皇的身體早就不行了。由始皇二十七年開始，即約公元前二二〇年起，秦始皇的身體每況愈下。他說話時發出一種「豺聲」(就是豺狼的聲音，從當代的醫學角度分析，是支氣管的病徵，在當時是挺厲害的頑疾)。嚴重打擊秦始皇的精神和心理狀態，用意何在？平舒道的神秘人物會是誰？

「今年祖龍死！」是詛咒也好，預言也罷，都是向秦始皇傳遞一個訊息：不出幾個月，你就得死。

此案的嫌疑人，首先可以排除平民百姓。從證物玉璧來分析，江中打撈玉璧，不是個簡單的工作，得耗費巨大物力，絕非一般人能作的行為。因此，百姓可排除在考慮之外。

其次，六國舊貴族及其後裔也可以剔除。他們雖具有一定的經濟實力，可仍需巨大的花費。先得耗用大量人力物力去打撈玉璧，然後千里迢迢跑到華山腳下的華陰縣平舒道，蹲點守候使者到來，才能送上玉璧。如此費盡心機，若是只為嚇秦始皇一跳，就太大費周章了。何況，他們怎麼知道秦始皇就一定會惶恐，一定會受到精神上的打擊呢？

唯一有作案可能性的，是擁有財力人力的秦帝國統治集團高層人士。而且，他們熟知使者動向，能夠計算出使者到達華陰縣平舒道的時辰；另外，始皇三十五年的時候，一個叫盧生的術士告訴他說：「仙人的方術裡講了，君主要時常微服巡行，以避惡鬼。惡鬼退避，真人來臨。希望君上居住的宮殿，不要讓人知道，然後才可獲得長生不死的藥。」

「我羡慕那些真人。」秦始皇由衷自語。於是，他自稱「真人」，而不稱「朕」。

他聽從盧生的話，下令將咸陽旁二百里內的二百七十座宮觀的腹道、甬道相連，置滿帷帳、鐘鼓和美人，凡是他駕車所到之處，有誰敢說出他居住的地方，立刻處以死刑。

預言應驗

臨幸梁山宮的時候，秦始皇從山上看見丞相車輛馬騎眾多，勃然大怒，罵道：「這是宦官洩露了我的話！」

秦始皇逐一審問宦官，卻沒一個敢承認，於是下令將他們全部處死。從此以後，沒有人知道他的行蹤。群臣有必須請求秦始皇決定的事情，都聚在咸陽宮候旨。只有最親信的人才能知道他的精神狀況和身體近況。

如果秦始皇看清這一點，將會不寒而慄。他也一定會逐個調查身邊寵倖的近臣。然而，這條詛咒宛如一條毒蛇，牢牢糾纏勒緊秦始皇的脖子，讓他喘不過氣，讓他心慌胸悶，讓他手足無措。

他支氣管病癒發嚴重了。他唯一解脫方式是占卜，渴望以此得到解脫。

術士的卦辭說：「君上你要出遊，或者遷徙，方可保住性命。」這就像某些江湖術士一樣，對人說百日之內「你必有血光之災」一樣，要想大步檻過，就得出門避一避。

可憐的秦始皇，貴為一代君王，經歷過多少戰爭，最後卻栽倒

秦始皇的使者在華陰縣平舒道上巧遇黑衣人。

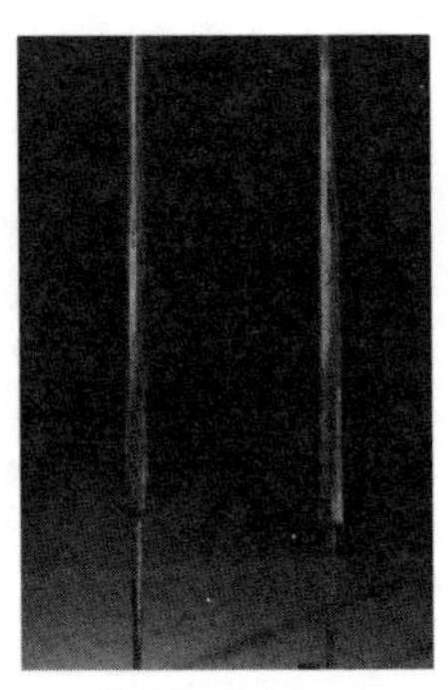

秦劍是目前所知最長的青銅劍，歷經二千多年非但不銹，還保持一定的鋒利。

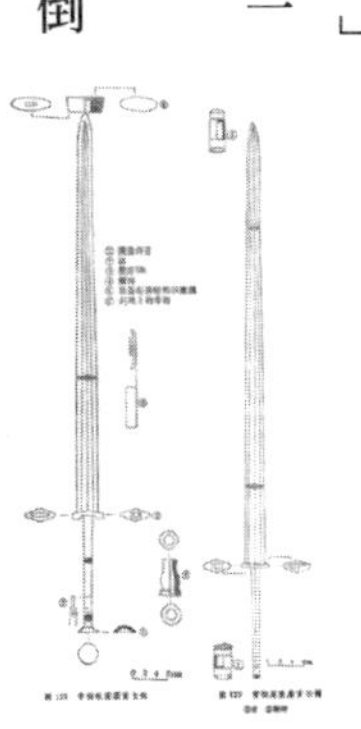

秦劍圖。

在術士的手上。他很犯愁，朕是皇帝，怎能隨便搬家呢？朕若搬家，等同遷都。早在商鞅變法時，秦國由櫟陽遷都於咸陽，總不能再遷回去吧。

遷徙不成，那就出遊。至於遷徙嘛，就讓別人代勞吧。

於是，秦始皇下令，三萬人家遷徙到毗鄰匈奴的北河榆中。這些人拖家帶口，長途跋涉，飽受風霜苦寒，不少老弱病殘者路上就死掉了。

始皇三十七年，公元前二一〇年，冬，一〇月，癸醜，秦始皇開始了他的當皇帝以來的第五次出遊，這也是他最後一次出遊。

這一去走入了生命的絕境，這一去再沒有坐回皇位，這一去魂歸地府，再回頭早忘這一世的事兒。

裝神弄鬼的幕後策劃者

假如此時，秦始皇冷靜分析一下「今年祖龍死」一案的作案動機，就不會如此恐懼了。

秦始皇畫像。

黑衣人的舉動，令秦始皇想起民間就阿房宮創的流行小調。圖為古人根據杜牧的《阿房宮賦》想像畫成的。

作案人應當想到一點：如果預言不準，將適得其反，恐嚇的效果沒達到，搞不好還會讓秦始皇活得更好。

顯而易見，作案人的真正目的不是為了詛咒秦始皇，而是警告。

「今年祖龍死」只是半句話，還有半句話，那個神秘人物沒有說，他故意讓秦始皇自己去猜。

當時的秦始皇才四十九歲，即便有支氣管病，也不會說死就死。所以，「今年祖龍死」的真正含義是：「你時日已不多。」後半句沒說的話是：「該想想後事了。」

一個皇帝有什麼身後事？最緊要的當然是誰來繼承自己的帝位。秦始皇恰恰沒有對此作出決斷。

由此可見，作案人扔玉璧、留預言，對秦始皇並沒有惡意，只是一種提醒。提醒他及時安排身後事。這一推斷，再次證明作案者是親信集團中的一員。提醒是一種催促，這個人知道秦始皇身體狀

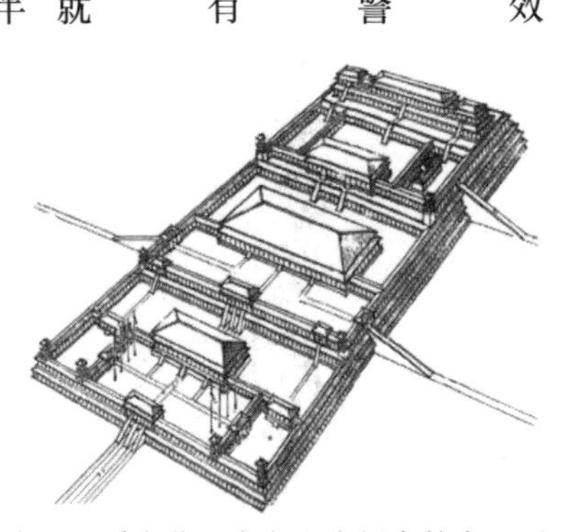

建了阿房宮後，有方士告訴秦始皇，要再多修些宮室來掩藏行蹤。圖為未央宮考古復原圖。

阿房宮是秦王朝的巨大宮殿。

況糟糕，如不早日確立嗣君之位，將來萬一猝死，國家一時無君，天下必亂，人心必亂。因此，這個人深謀遠慮，是個愛國忠君的大賢臣。

此案的幕後策劃者居然是這樣一個人物，居然是這樣一種動機，這太出乎人們的意料。

這個幕後策劃者究竟是誰呢？

他似乎就混在秦始皇最後一次出遊的隨行人員中。

裝神弄鬼的幕後策劃者

始皇三十七年，公元前二一〇年十一月，秦始皇一行在九嶷山祭祀大舜。然後，乘船順江而下，經過丹陽，到達錢塘，由於水勢險惡，便往西行了一百二十里，從狹窄的地方渡江，到了會稽，祭祀大禹，並且樹立了一塊歌功頌德的石碑。之後回程。

這次出遊的隨行人員有李斯、蒙毅、秦始皇的小兒子胡亥，以及胡亥的老師趙高。

清朝人筆下的阿房宮。

提起宮刑，不得不提曾受宮刑之苦的司馬遷。

這些人中，誰會是「華陰縣平舒道」裝神弄鬼的幕後策劃者？

(一) 李斯

李斯忠於秦始皇，這是肯定的，可說到他愛國，就有些抬舉他了。此人生於戰國末期，籍貫是楚國上蔡。很年輕的時候，當過掌管文書的小官吏，是一個庸碌的小公務員。「當一天和尚撞一天鐘」，精神上也沒多大追求。後來，一個偶然的事情，觸動了他。這個事情就是上廁所。

這一天，李斯尿急，邁步奔廁所，剛一進去，就瞅見齷齪一幕：一隻面黃肌瘦的老鼠正專注地吞吃糞便。看起來胃口不錯。見有人來，老鼠驚慌逃竄。

這情形讓李斯感到生存的艱難。

又過了一會，李斯又在國庫的糧倉裡看到了老鼠，這裡老鼠和廁所老鼠可大不一樣，它們白白胖胖，安然自若。

徐福東渡的情況。

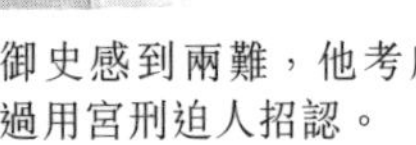

御史感到兩難，他考慮過用宮刑迫人招認。

「要過呼風喚雨的大生活！」

李斯是個讀書人，讀書人有個特點：即使是一件小事，也能觸動他們的心靈，引發他們的思考。

李斯感慨啊，人和鼠有何區別？有能耐的做官倉裡的老鼠，沒能耐就只能做廁所裡的老鼠。

他想到了自己，如今只是一個小官吏，與廁所裡的老鼠有什麼分別？不行，自己不能一輩子這麼混下去，自己不僅要做官倉裡的老鼠，而且要做朝廷中的老鼠；不要過陰冷潮濕的小生活，要過一種呼風喚雨的大生活。

李斯的大生活從拜儒學大師荀子為師開始。學成後，他打算前往秦國發展。臨別，他對荀子說：「人生一世，貧賤是最大的恥辱，窮困是最大的悲哀。若要出人頭地，就得成就一番事業。」

「要注意節制，不要一味往前走，要給自己留一條後路。」荀子同意李斯看法，但仍告誡他。

李斯誠懇點頭，心裡卻沒聽進去，當荀子這話是耳旁風。他到了秦國，受到秦國丞相呂不韋的器重，讓他當了小官。對李斯來

丞相李斯。

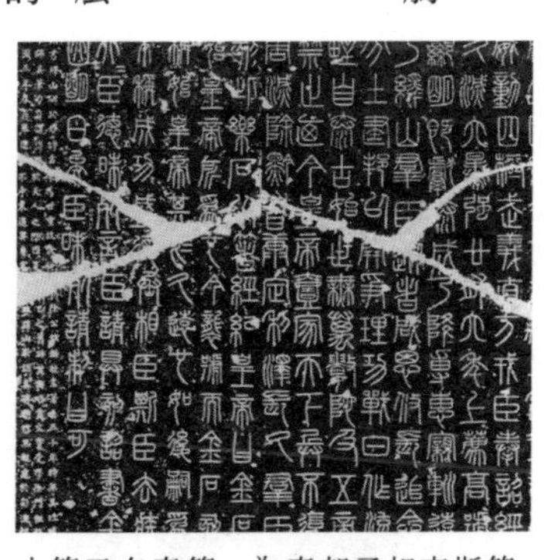

小篆又名秦篆，為秦朝丞相李斯等人所整理出的標準字體。

說，當官不是目的，而是機會，能夠接近秦王，這才是重要的。

混入秦始皇的信任圈內

實際上，此時的李斯還是很尷尬的，他既不能以立軍功而嶄露頭角，也不能以理政顯現自己的才幹。他只有一個方法引起秦王的重視，就是上疏。通過揣摩秦王的心理和分析當前的形式，李斯果決地給秦王上疏。上疏的內容是鼓舞秦王統一中國。書中，李斯用過去的秦穆公舉例，說秦穆公時代強盛，但最終也未能統一中國，其中的原因有兩個，一是當時的周天子勢力強大，也有威望，不容易推翻。二是諸侯國也比較強大，可與秦國抗衡。但是，從秦孝公以後，戰爭不斷，周天子和諸侯國的力量急劇下降。現在秦國強盛，是建立帝業，統一天下的大好時機，掃平六國如撣灰塵。

這番論述，對天下的實際情況分析得清晰透徹；而且，迎合和滿足了秦王的心理。一下便得到了秦王的賞識。李斯被提拔為長史。

李斯因說中秦王的心底話，於是一下便得到秦王賞識，被提拔為長史。

秦始皇迷信術士長生不老之說，故派徐福率童男童女前往尋找長生不老之法。

嶄露頭角

身為長史的李斯，進一步向秦王奉獻統一中國的具體謀略——從瓦解諸侯國力量入手。具體實施方式是：以財物重重賄賂六國君臣。目的是讓他們分崩離析，無法合力抗秦。然後，秦國各個擊破。

這一謀略效果非常顯著。秦王便封李斯為客卿。李斯這顆明星，終於在秦國的政治舞台上冉冉升起。

可就在他一帆風順之時，秦國國內掀起了一場運動，這個運動叫「反外國人運動」。起因是韓國派間諜以幫助秦國修渠為名，刺探情報。這場運動的後果是，秦王下來一道「逐客令」。李斯原是楚國人，當然也在被驅逐之列。但是，李斯沒有離開秦國，更沒有因受挫而頹喪。他在秦國邊境蝸居，寫了一道著名的《諫逐客書》上奏秦王。在《諫逐客書》中，李斯說明歷史上外國人對秦國的重要性，言辭非常懇切，令秦王動容。

受《諫逐客書》感動的秦王，撤銷了「逐客令」，並請回李斯，封他為廷尉。

然而，一波未平一波又起，更大的威脅正等著李斯，並且，這一次他還殺了人。

剛剛升任廷尉的李斯，剛看到光明前途的時候，他的同學韓非來到了秦國。韓非是韓國人，且與韓王同族。韓非也是一個難得的人才，他有一套比較完整的君主專制理論。可是，

李斯曾拜儒學大師荀子為師。

他屢屢上疏獻策卻不被韓王任用。韓非失望而憤怒。秦王很重視這樣的人才，早就想見見韓非，將他歸為己用。現在，秦國要攻打韓國，情勢危急，韓王才起用韓非，派他出使秦國。

斬草除根，永絕後患

從能力上分析，李斯知道自己遠不如韓非。如果秦王留下他，重用他，勢必成為自己的對手和仕途上的「絆腳石」。為了自己的利益，他必須除掉韓非。

他首先給秦王分析說，韓非這個人不能任用，他是韓王的親族，韓非愛韓而不愛秦，大王如果攻打韓國，他當然不會同意，這也是人之常情。

秦王一聽言之有理，想韓非既然不能用，就放他回國吧！而李斯的根本意圖是要斬草除根，永絕後患。他又說，如果放韓非回國，他就會為韓國出謀劃策，對秦國十分不利，不如趁這個機會把他殺掉。

就這麼短短一句話，韓非的生命就葬送在李斯的手裡。

秦王示意李斯去除掉韓非，李斯便送了毒藥給韓非。韓非知道李斯的為人，自己無論如何是逃不掉的，於是服毒自盡。

從此，李斯再沒有威脅，再沒有對手，他輔佐秦王，於公元前二二一年，兼併六國，結束了長期分裂割據的局面，統一了中國。

統一之後面臨的問題就是如何治理這個國家。

李斯認為，周朝採用分封制，諸侯各自為政，所以天下戰亂不斷。如今天下統一，如果再分封諸侯國，又將回到以前的分裂局面，應當採用中央集權管理。

李斯的提議遭到博士淳于越的強烈反對。淳于越上奏秦始皇，說天下之大，如果宗室子弟沒有封地，就和普通百姓一樣，萬一發生叛亂，誰來相救？比如齊國的田常，晉國的六卿，都發生過叛亂，如果秦始皇不採用分封制，不以古為師，國家就不能長久。

這一奏疏激怒了秦始皇，他把淳于越交由李斯處理。李斯對淳于越進行審查，最後給淳于越定的罪狀是泥古不化，厚古薄今。接著，李斯建議秦始皇焚書，秦始皇也採納了。

於是，大權在握的李斯，制定了一系列規定和處罰。總結起來，可稱為「兩個凡是」：凡是《秦記》以外的史書，一律燒掉；凡是博士收藏的詩書一律燒掉。有談論詩書者，在鬧市區處死，暴屍街頭；有厚古薄今、以古非今者，全族處死；官吏包庇知情不報，同罪處置；得令後三十日之內不焚書者，面上刺字，發配去修長城。

次年，也就是焚書的第二年，公元前二一二年，秦始皇又下令，將咸陽的儒生四百六十餘人活埋。這一「坑儒」事件和「焚書」事件，合起來就是中國歷史上重大而著名的「焚書坑儒」。對中國文化、人類文明都是一次空前的大摧殘。

作案動機？

在這一浩大的摧殘中，秦始皇的暴政顯而易見，而李斯的推波助瀾也起到至關重要的作用。李斯這樣幹的目的，一方面當然是迎合秦始皇的心理；另一方面，則完全是為了自己——他要從精神上徹底打垮和消滅異己、競爭對手。面對如此暴戾的摧殘，有識之士和學者誰還敢來秦國呢？李斯也是學者出身，而他為達目的，不擇手段。文化人殘害文化，文化人背叛文化，古今罕見。

顯而易見，他是一個投機分子，一有機會就要表現自己的欲望。

對秦始皇的忠誠，完全是為了保證自己的仕途順暢。國家是小，私利是大。他當然不願意秦始皇早立嗣君，他打心眼兒裡渴望秦始皇長生不老——秦始皇在，他的地位和榮華就在；何況，他深知，秦始皇最忌諱聽到「死」這個字眼，他才不會去幹恐嚇秦始皇的傻事呢！儘管他對秦始皇精神、身體狀況非常瞭解，又有作案的人力和財力，然而，最緊要的一點，他沒有作案動機。

（二）趙高

那麼，另一個隨行人員趙高呢？

趙高和李斯大不一樣。他的身世十分糟糕，他是趙國貴族的疏遠族人。戰國時代，天下合縱連橫，各國間結盟換約，相互間以王室公子作為人質。這些作為人質的公子，多是國君眾多子女中不受寵愛的疏遠者，被打發出質後往往長期滯留異國他鄉，不少人貧窮潦倒終生，至死不得歸還。趙高的祖上，就是由趙國到秦國作質子的這一類公子，在趙國無寵，在秦國無援，不得已而滯留於秦，後來在秦國娶妻生子，子孫後代流落於咸陽市井當中，成為秦人，與普通庶民無異。

一生下來就被閹

趙高的父親犯法被處以宮刑，他的母親受到株連當了奴婢，後與人野合，生下趙高和他的幾個兄弟。由於這個原因，趙高一生下來就被閹割了，長大後當了宦官。如果說，李斯是個有事業心、有抱負的人；那麼，趙高就是一個有強烈報復心的人，這種由來已久的仇視和報復心理，大約與他自小就被閹了有關。

李斯的對頭人韓非。

淳于越諫秦。

不在沉默中變態，就在現實中變壞。趙高是後者。

三百六十行，行行出狀元，趙高在宦官這行，可以說是相當出色。他精通權謀，通曉刑法，又會來事兒，三項全能，讓秦始皇喜愛。

「連老頭子都給搞定，這個乳臭未乾又何懼之有？」

趙高除了得到秦始皇的喜愛外，還奪取他的信任，始皇甚至讓趙高當小兒子胡亥的老師，教胡亥學習律令，審理判決訴訟案。

老頭子都搞定了，何況一個小孩子。趙高輕而易舉就讓胡亥喜歡上了他。

但是，趙高也不是一路平坦，要風得風要雨得雨。他曾犯過重罪，蒙氏家族的蒙毅削去了他的官職，並判處其死刑。秦始皇寵倖他，親自赦免，他才逃過一劫。不用說，趙高和蒙氏仇怨不是一般地深。

而秦始皇的長子扶蘇和蒙氏的關係，不是一般地親密。扶蘇與蒙氏家族的將軍蒙恬率三十萬大軍鎮守邊陲，長達十餘年。可想而知，一旦扶蘇繼位，趙高還有活路嗎？

作案動機？

這時候，胡亥年紀又小。從秦始皇的方面考慮，他雖喜愛小兒子胡亥，但有一個前車之鑒——他十三歲時登基，就因為年齡太小，無法掌權，只能將國事交付於大臣，最終導致呂不韋、嫪毒專權，險些釀成大禍。所以，他不會貿然立胡亥為太子。此時若要確立接班人，扶蘇中選的可能性非常大。

因此，從作案動機看，趙高是絕不會提醒秦始皇冊立太子的，他寧可保持現狀。

李斯和趙高的嫌疑先後排除。就剩下蒙毅了。

（三）蒙毅

說到蒙毅，就要說到蒙氏家族。這個家族和秦帝國有很深的淵源。蒙毅的祖父蒙驁早先是從齊國來到秦國，而後在秦國統兵作戰。為秦國攻城掠地，先後奪得幾十座城池，為始皇統一中國，立下了汗馬功勞。

《史記》記載：「始皇甚尊寵蒙氏，信任賢之。而親近蒙毅，位

宦官趙高。

趙高像。

至上卿，出則參乘，入則御前。恬任外事而毅常為內謀，名為忠信，故雖諸將相莫敢與之爭焉。」意思就是說，秦始皇非常信任蒙恬、蒙毅兩兄弟，委派蒙恬在外擔當軍事重任，威震匈奴；蒙毅則在內為上卿，為秦始皇出謀劃策。可見蒙氏家族的權勢多麼顯赫，三世皆為重臣，朝中幾乎無人敢與之爭鋒。

作案動機？

顯然，蒙恬、蒙毅兩兄弟也是忠臣。蒙毅長期在朝中，對秦始皇的一切狀況瞭若指掌。他完全有可能設立騙局提醒秦始皇。但是，沒有任何確鑿的證據證明是蒙毅一手策劃的。

另外，還有一個疑點，秦始皇在沙丘病重之時，蒙毅完全可以利用祭拜山川祈福的機會，把皇帝病重的消息通報給北方邊陲的蒙恬和扶蘇。但是，他沒有任何行動。試想，如果是他派人撈起玉璧，假扮使者製造這起騙局的話，那麼在最後的關鍵時刻，他又怎麼不採取任何行動呢？

好戲在後頭

在未找到真兇前，秦皇的死令另一台更好看的戲提前上演：秦始皇在還未找到恐怖預言的製造者前便死了。就在出遊回歸咸陽的途中，他病死在沙丘平台。「平舒道神秘人物」的預言果真應驗了？

不，這個預言是不準確的——秦始皇死於公元前二一〇年。秦朝曆法以一〇月為新年的開始，漢武帝時代實行太初曆，才改成正月為每一年的開始。而當時不存在陽曆，始皇三十六年，公元前二一一年的「秋」應該是公元前二一一年秋七八月間，而不是公元前二一〇年歲初。因此，「今年祖龍死」的預言，顯然是不準確的。如果是「明年祖龍死」，那就太詭異了。

胡亥墓。

雖然這個不甚準確的預言，錯手加速秦始皇的死亡，但所謂「錯有錯著」，始皇一去，卻意外地讓藏在各人的心魔浮上水面，上演一場爾虞我詐的攻心計。

各懷鬼胎

秦始皇臨終時，留有遺詔，要他的長子扶蘇送葬，讓扶蘇繼承帝位。

面對這份遺詔，李斯和趙高心裡都有各自的盤算。

李斯怕秦始皇的猝死引發天下大亂，秘不發喪。將棺材放置在轀輬車中載回。轀輬車就是古代的「房車」，可以在裡面躺臥。

昔日秦始皇寵倖的宦官一路陪乘。每到一個地方，秦始皇的飲食、百官奏事都和以前一模一樣，宦官在車中准許官員們的奏事。

表面上，一切如常，在天下人心中，秦始皇還活著。只有李斯、趙高、胡亥、蒙毅等五六個人知道，此刻的秦始皇，已是一具沒有任何知覺的冰涼屍體。

這一非常時刻，對趙高來說，是一個非常難得的機會。他可以趁機將大權攬於自己手中。於是，他扣留了秦始皇給長子扶蘇的書信，企圖將胡亥扶上皇位。

胡亥當然很高興。

「別高興得太早。」趙高說，「此事如不和丞相李斯謀議，恐怕難以成功。」

胡亥贊同，就托趙高去游說李斯。

這一日，他與李斯悄悄會晤。

「皇上所賜長子扶蘇的書信和符璽，都在胡亥那裡。」趙高開門見山，直接攤牌說，「立太子之事，全在你我二人的決定了。您意下如何呢？」

點中李斯的死穴

「怎可出此亡國的言論！」李斯擰眉咬牙拍案驚叫，「這不是身為臣子者該議論的事情。」

「您有才。」趙高陰鬱地笑著說，「您謀略深、功勞大、德高望重，又深得扶蘇信任，但您想過沒有，就憑這些，您能和蒙恬相比嗎？」

「我比不上蒙恬。」李斯歎氣承認。

「所以，一旦扶蘇即位，必定會讓蒙恬做丞相。到時候，您就會失去官職，無法身懷列侯的印璽，歸還鄉里！如果立胡亥為嗣君就不同了，他仁慈厚道，仍會重用您。希望您深思熟慮，決斷此事。」

趙高這話說得到位，剛柔並濟，點中了李斯的死穴。前程啊，榮華啊，權利啊，李斯一輩子不就為這些東西忙活嗎？如今秦始皇死了，他在仕途上付出一生的心血很有可能也隨之付諸東流。

李斯反復咀嚼趙高的話，心裡反復合計，決定和趙高聯手。謊稱受始皇的詔命，立胡亥為太子。

用鮑魚掩蓋屍臭

不久，遠在邊疆的長子扶蘇，收到這一消息，並且還收到李斯、趙高等人派使者送來的一封秦始皇的書信。

書信上說：你不能開闢疆土，建立功勞，使士兵損傷眾多，反而屢次上疏，直言譭謗，日夜怨恨，恨不能回來做太子，現將你賜死；將軍蒙恬對你的言行不加以矯正，應一併賜死，軍隊交由副將王離掌管。

讀完書信，扶蘇痛哭流涕衝進室內，企圖自殺。

蒙恬勸阻說：「君上在外，並未立太子，派我率領三十萬人馬鎮守邊境，公子監督，這是天下的重任。現在看了一個使者拿來的信就想自殺，很荒唐！怎麼知道這不是一個陰謀呢？」

「那該如何辦？」扶蘇問。

「再上疏請求。」蒙恬斬釘截鐵地說，「如若不准，再自殺也不晚。」

扶蘇聽不進去，他已然心灰意冷，沮喪、失落、痛苦到極端。

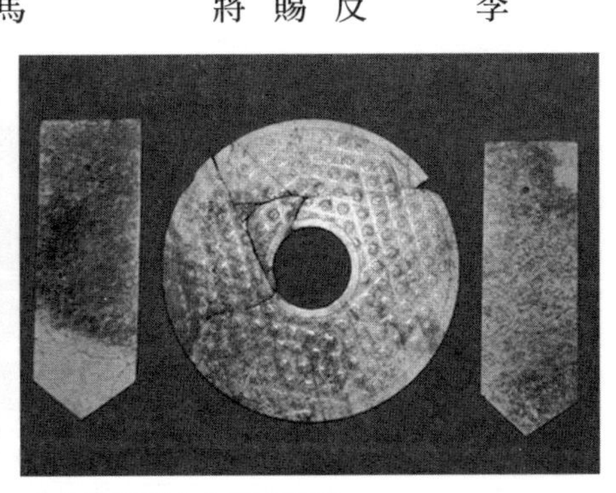

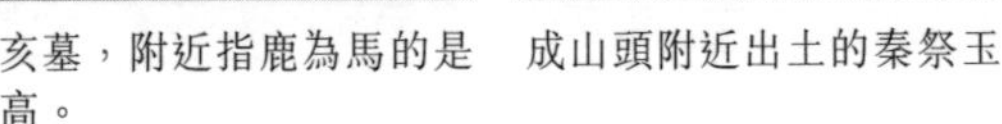

胡亥墓，附近指鹿為馬的是趙高。

成山頭附近出土的秦祭玉。

加上使者催促，扶蘇還是自殺了。臨死前，他給蒙恬留下一句悲哀的話：「父親賜兒子死，何需再請求。」

蒙恬和扶蘇不同，扶蘇情願服輸，他不！他堅決不肯自殺。使者也沒轍，只能把他交給官吏，囚禁在陽周。

李斯、趙高這邊，聽到扶蘇自殺的消息，心中一塊石頭落地。胡亥再無憂慮，有心想釋放蒙恬。碰巧這時候，去替秦始皇祝禱山川的蒙毅回來了。趙高便對胡亥說：「先帝想舉賢能者立為太子已經很久了，而蒙毅卻進諫說，這樣不妥。不如殺掉他。」胡亥聽從了趙高的話，將蒙毅囚禁在於代郡。

之後，出遊回歸的一行人，從井陘到九原。這時候，已經是炎熱夏天了。轀輬車裡發出一陣陣鑽心的屍臭。李斯和趙高命隨從的官員用車子運來鮑魚，放進轀輬車中，以掩蓋秦始皇屍首的臭味。直到回咸陽後，才宣佈發喪，由太子胡亥繼承皇位。

漏網之魚？

秦始皇真的死了。趙高、李斯都保全了自己的地位，而那個

秦代立石，又稱發碑石。

秦代迎親圖。

流傳「今年祖龍死」恐怖預言的人，始終是一個謎。幕後策劃者始終沒有浮出水面。李斯、趙高，包括蒙毅等人的嫌疑都被排除。除了他們之外，秦始皇最高政治集團中，還剩下右丞相馮去疾和將軍馮劫。他們會是真正的幕後策劃者嗎？

在案發當時似乎找不到他們沒有嫌疑的證據。但是，在二世胡亥登基以後，這兩個人勸諫胡亥，卻被羞辱，之後二人自殺。從這一點可以看出，他們在乎自己的名聲，超過對秦帝國的命運的關心。這樣的人，是不會想盡辦法去提醒秦始皇的。

騙局也不一定是害人？

策劃在華陰縣平舒道送玉璧留恐嚇預言的人，是秦帝國忠臣中的忠臣。在秦始皇身體精神狀態每況愈下，又一味妄想成仙，企圖長生不老，聽不進任何諫言的時候，這個對秦帝國命運憂心忡忡的人，絞盡腦汁想出了這樣一個騙局提醒秦始皇早立太子。

有時候，欺騙並不一定是惡行；騙局也不一定是害人。

遺憾的是，這個忠心耿耿之人設置的騙局，只達到了一個目的——就是讓秦始皇對預言信以為真了。然而，秦始皇並沒有如他所願開始考慮身後事，安排冊立太子什麼的，反倒讓秦始皇對死亡更加恐懼，根本沒心思考慮自己死後國家怎麼辦。恐慌之下占卜，然後帶病出遊，最終喪命。

凡事都有因果，如果沒有這個恐怖預言，這個騙局，秦始皇不會急著帶病出遊，換句話說，他是被這個預言給嚇死的。

歷史先例

不過，有一個問題倒值得討論：一條流言真能從心理上摧毀一個君王嗎？

這樣的事無獨有偶，不是沒有先例：早在周宣王四十年那會兒，流傳了一個謠言，說周朝的天下將來得毀在一個女妖精手裡。周宣王也算個明君。可一聽妖精要奪天下，也給嚇懵了。他派上大夫杜伯去捉妖精。

杜伯奉命去捉，捉到一些貌似嫌疑的婦女，給法辦了。

這事兒過了三年。周宣王四十三年，公元前七八五年，這位周宣王晚上做一夢，真夢見了妖精。誰親眼見過妖精啊，也就是長期心理恐慌造成了幻象。

周宣王醒來臨朝，他向上大夫杜伯問起逮妖精的事。杜伯是個老實人，既不信妖精一說，也不樂意濫殺無辜。就直言相告，說有

秦始皇東巡塑像。

嫌疑的婦女都殺了，再查下去，鬧得雞犬不寧，全國百姓不得安生，這事兒就沒接著辦啦！

周宣王大發脾氣，心說雞犬不寧有什麼，關鍵是本王要安寧，難道本王不如雞犬？說話就要將杜伯殺頭。

下大夫左儒勸阻周宣王，說大王要是把杜伯殺了，天下還當真以為有了妖精，百姓一害怕，國家就亂套，列國諸侯把嘴藏在袖子裡笑。

周宣王聽不進去，認為左儒和杜伯是「鐵瓷」，所以幫著求情。左儒申明，自己公私分明，無論君王還是朋友，誰對就向著誰。大王既然非殺杜伯不可，索性連我也一塊兒殺了。

左儒這份不怕死的勁兒還真把周宣王給震了，可周宣王最終也沒放過杜伯，他叫左儒退下，令武士砍了杜伯的頭。

左儒歎息而去，鬱悶不堪。當天晚上就自殺了。

一晃又是三年。到了周宣王四十六年。有一天，周宣王和諸侯們一起出去打獵，感覺非常疲憊，胸口隱痛，頭昏腦漲，就先回來了。半道上，對面來一輛小車，車上站倆人兒，著紅衣戴紅帽，手拿大紅弓箭。周宣王揉眼仔細一瞅，喲呵，一個是上大夫杜伯，一

周宣王曾被流言嚇倒。

個是下大夫左儒，倆人兒舉箭射來，周宣王避閃不及，胸口中了一箭，驚叫一聲，夢中醒來。

至此，周宣王一病不起，病重時老瞧見杜伯和左儒倆人兒在跟前晃悠。沒過多久，周宣王就死了，這妖精沒逮著，自個兒倒給冤魂帶走了。

從這個逮妖精的事情可以看出，周宣王是個有心理隱疾的人。而秦始皇又何嘗不是呢？

他曾經五次出遊，坐著由六匹馬挽駕的金銀車，後面簇擁著一大批文武官員、近侍寵臣、皇后嬪妃。每到一處，立石刻碑作為紀念，石碑上盛讚他征服六國、統一天下的豐功偉績和崇高威嚴，這充分體現出他性格中的狂傲。

他的第三次出巡觸目驚心，韓國姬公子張良收買的刺客從山上飛下一柄一百二十斤重的大鐵錘，將一輛副車擊得粉碎。秦始皇僥倖逃過這一劫數。

而後，在荊軻刺秦十年之後，死亡又一次以激烈、殘酷的形式走到他的面前。對死亡的憂慮讓秦始皇無比惶恐，他可以征服天下，卻征服不了死亡。疾病正在一步步蠶食他的肌體，打擊他的精神。

而最終，惶恐不安的秦始皇竟然是被忠於他的人所害，這顯得有些荒唐。荊軻要知道有這麼一出，當初還會行刺嗎？

把韋昌輝剁成肉醬

如果要將以下這段歷史拍成劇本，我們將這樣去寫——

時間：咸豐六年（公元一八五七年七月二六日凌晨時分）

地點：太平天國東王楊秀清府

開場：夜半時分，東王府中忽然闖進大批兵將，他們不論男女老幼見人就斬，逢人便殺。只要凡是活物，都無一幸免。

然而，這不是演戲，更不是杜撰，而是真實的歷史事件。對於東王楊秀清和他的家眷來說，這是一場滅頂之災。

當時，喊聲將仍在睡夢中的東王楊秀清驚醒，他在還未弄清是怎麼一回事前，就被闖入府邸的兵將亂刀殺死。這位太平天國的傑出領袖，就這樣冷不防地死去了。

兵將們從凌晨開始，殺到天明。

天亮後，整個東王府彌漫著強烈的血腥氣味，到處都是屍首、殘肢和鮮血。東王楊秀清全家老小，都成為刀下亡魂。

不用說，這是一個有預謀、有計劃，安排周密的殺戮計劃，顯然，士兵只是行動的執行者，至於元兇會是誰呢？為何會有如此大的仇恨，非要血洗東王府不成？

我們先來閱覽一下東王楊秀清的背景：

此人出生在廣西桂平縣，家裡很窮，生於貧農家庭。起初他和西王蕭朝貴，跟著南王馮雲山加入了「拜上帝會」。

一八四八年的時候，馮雲山走黴運，被捕後被關在桂平縣監牢裡。當時洪秀全又在廣州，拜上帝會這個組織處於群龍無首的狀態。

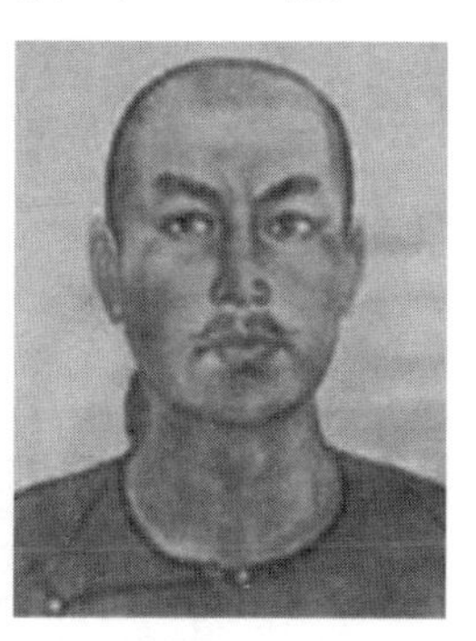
南王馮雲山。

亂世神棍

不過，「亂」的最大好處就是能給一些人創造機會。楊秀清腦筋靈活，假託「天父」附體，站出來穩住大局。雖然楊秀清口中的「天父」只是他隨意編造出來的一個偶像，但既然走了第一步，謊話得繼續下去。於是，有「天父」自然要有「天兄」。蕭朝貴和洪秀全又挺能配合，二人假託「天兄」附體。於是，楊秀清和蕭朝貴一躍成為太平天國的首腦人物，洪秀全則以「天父之子」的身份，被稱為天王。馮雲山為南王，韋昌輝為北王，石達開為翼王。領導班子就這麼建立了。

楊秀清假託「天父」附體，滿足其野心。

楊秀清在領導班子的成員中，可以說是出類拔萃。這個貧農家的孩子，雖然沒什麼文化，但天生具有領導才能，做事雷厲風行，賞罰分明。他獨領軍權，令組織對他上下無不敬畏。

這樣一個相當了得的人物，誰敢對他下毒手呢？

清廷方面當然連做夢都想除掉這樣厲害的角色，準確地說，不單是想除掉他，而且是想除掉整個太平天國，殺光他們所有人。可是，清廷方面沒能做到，卻有人幫了他們的忙。

內訌

這得從咸豐三年，公元一八五四年三月說起。洪秀全進入了南京，改南京為「天京」。以此地作為太平天國的國都。

楊秀清則指揮太平軍進行北伐和西征。北伐軍在李鳳祥、李開芳的統率下，兵鋒直指北京城。西征軍在翼王石達開的指揮下，大敗湘軍水師，江西十三府的七府一州五十餘縣全部被太平天國軍佔領。

太平天國將士後期見利忘義，終至不攻自破。

同年六月，石達開等又擊潰了包圍天京的清軍江北大營和江南大營。當時的欽差大臣向榮戰死。

這一系列的戰爭，給清廷以沉重的打擊。

這時候，長江千里，西自武漢、東到鎮江，都成了太平天國的地盤。這一時期，也是太平天國的鼎盛時期。可是，也就在這一時期，禍亂就像地雷一樣悄悄埋下，這個禍亂有一個詞可以很清晰地說明，就是——內訌。

「你能當皇帝，為什麼我就不能？」

內訌有一個顯著的特點：開端具有隱蔽性，從面和心不和到大張旗鼓爭鬥，有一個矛盾積累的過程。

太平天國達到鼎盛期後，其頭頭腦腦們顯然被勝利沖昏了頭腦。這一場農民革命難逃一個宿命，那就是以封建君主思想為最高理想。即便他們的革命成功了，也不過是以新的不平等取代舊的不平等，換湯不換藥。

當初造反是活不去了，有飯吃有衣穿誰沒事造反。那時他們的欲望很簡單，只想吃飽飯穿暖衣、有妻兒有個家。造反取得一點成績以後，欲望就不再簡單了，他們開始了一場模仿秀——模仿曾經站在他們頭上那個階級的生活方式。

這場模仿秀具體說來有四點：

一．享樂：太平軍佔領武昌後，天王洪秀全就吩咐手下，為他挑選美女六十餘名，供自己娛樂。已然過著帝王一般臨幸夜生活。

二．奢侈：佔領南京，建立國都後，這位天王馬不停蹄地修築王宮，大興土木。

三．等級：天王洪秀全臨朝，和皇帝沒什麼分別，除了楊秀清、韋昌輝、石達開幾位外，其他文武官員都排列在大門外，按禮儀跪拜，高呼「萬歲」。實際上，這時候的洪秀全和其他諸王已經不是結義兄弟的關係了，而是君臣關係。

四．擺譜：譬如天王發佈了一條詔令，規定他的臣下對他的子女，以及其餘諸王的子女要用不同的稱呼。

又譬如，東王楊秀清打府裡出門來，「開路要用龍燈一條，計三十六節，以鉦鼓隨之，其次則綠邊黃心金字銜牌二十對」，諸如此類。

又譬如，太平天國的官員出行都要坐轎，天王的轎夫多達六十四人，東王轎夫少點兒，四十八人，依次遞減，北王轎夫三十二人，翼王轎夫十六人，級別最低的兩司馬也有四名轎夫。

共同打下來的地盤，地位和待遇卻不一樣？作為結義兄弟心理自然開始不是味兒。可以這麼說，在幾位諸王心裡，頂多把洪秀全當大哥，沒當成「聖上」，怎麼說呢？都是兄長吧了，一起並肩殺敵浴血奮戰不分彼此，你能當皇帝，為什麼我就不能？

尤其是東王楊秀清，早不滿足只掌握軍政，決心要與天王洪秀全平起平坐。

逼封萬歲

咸豐六年，清廷的江南大營被擊潰以後，楊秀清自編自導自演了一幕話劇。

劇名：《逼封萬歲》

角色：東王楊秀清、天王洪秀全

劇情：楊秀清在東王府裡假託「天父」下凡，召天王洪秀全趕赴東王府，洪秀全一到，二人見面立刻開始一段精采對白——

佯裝「天父」的楊秀清問洪秀全：「你打江山數年，多虧了何人，才有你的今天？」

洪秀全答：「多虧東王。」

楊秀清問：「你既然知道東王功勞如此大，為何他只做了九千歲？」

洪秀全硬著頭皮回答：「東王打天下，大功蓋世，當稱萬歲。」

楊秀清又問：「東王稱萬歲，那他的世子呢？」

洪秀全答：「東王是萬歲，東王的世子也該是萬歲，東王子子孫孫世世代代都是萬歲。」

楊秀清很滿意，一出逼封萬歲的戲圓滿落幕。

我們知道，這太平天國一開始，就以「拜上帝教」為信仰。楊秀清有「天父」附身的特殊身份，而天王洪秀全是「天父」之子。因此，楊秀清以「天父」身份講話時，太平天國最高領袖總指揮洪秀全就成了他的兒子。兒子聽爹訓話得下跪。洪秀全還真就跪了。

更過分的是，有一次楊秀清假託「天父」下凡要杖打洪秀全，北王韋昌輝等官員跪地哭求，要替洪秀全受責罰。楊秀清不准，洪秀全只能連連說「小子遵旨，小子遵旨」，隨即接受杖打。

楊秀清這一招無疑是殺雞儆猴，讓諸王和官員們看看，總指揮都是我兒子，所以你們這些鼠輩全得聽我指揮。

演繹了逼封萬歲話劇後，天王洪秀全不得不向群臣宣佈：今後遵天父聖旨，東王稱萬歲，東王世子也稱萬歲。並預定在楊秀清生日八月十七日這天，舉行「東王稱萬歲」儀式。

瞅準時機幹掉對手

從「九千歲」到「萬歲」，表面上雖增加了一千歲，但這不是一個簡單的算術問題，而是一個頭銜和權力的問題。

那麼，洪秀全真的心甘情願與楊秀清平起平坐嗎？他就如此妥協了嗎？當然不。

洪秀全很沉得住氣，他答應楊秀清稱萬歲，並為他舉行典禮，只不過是緩兵之計。他很清楚當前的處境，自己這個天王基本上是形同虛設，並無實權，在無力還擊的情況下，只能是秘密謀劃，瞅準時機幹掉對手。

「花頭鴨」韋昌輝

謀劃的第一步就是與翼王石達開和北王韋昌輝聯手。石達開對楊秀清稱萬歲不服，韋昌輝更是對楊秀清恨之入骨。對韋昌輝來說，誅殺楊秀清不僅是輔助天王，而且是報仇。

這韋昌輝為何對楊秀清如此仇恨呢？

我們來細看韋昌輝的背景：這個人和楊秀清不一樣，他不是出身在貧農家庭，他的父親韋元玠是個小地主，在金田村有二百多畝田，韋家也算暴發戶。有錢卻沒勢力，常常受當地豪紳強宗的欺負。

韋元玠一心想讓兒子韋昌輝考取個功名，光有錢不行，我得有文化修養，才能光宗耀祖，抬高韋家地位，不再受到欺負。可韋昌輝這小子哪裡是做學問的料？從小就華而不實，喜歡在村裡人面前出風頭，村裡人就送他一外號，叫「花頭鴨」。如今誰要有這外號，難道以後就得當男妓？

韋昌輝沒這嗜好，他只喜歡賭博。有一次他去桂平縣應試，考試前把長衫輸掉，光著膀子進考場。至此，屢試屢敗，連個秀才也沒考取，韋元玠只得咬牙掏錢，給兒子捐了一個監生。

這個「花頭鴨」本不會有什麼出息，可被蕭朝貴和馮雲山瞧上了，他們知道韋家是富戶，又常受強族欺壓，要起義要打天下就要經費。於是蕭、馮二人動員韋昌輝加入了拜上帝會，韋昌輝是個不甘寂寞的人，當即入了會。兒子前腳加入，父親韋元玠也跟著加入了。

金田起義時，韋家父子捐錢捐糧又提供掩護，立下大功。太平天國起義後，在永州天王封五王。韋昌輝被封為北王。後來，南王馮雲山和西王蕭朝貴相繼戰死，於是，韋昌輝就成為僅次於東王楊秀清的太平天國領袖。

變節

公正地說，攻克南京建都初期，韋昌輝是有功的。那時他主管軍事，在北王府搭建高高瞭望樓，一旦敵軍攻城，韋昌輝就親自登上高樓指揮，白天以吹角搖旗為號，夜裡則以懸燈為令，將士們就以號令出擊，力戰清軍。

可是，一見韋昌輝能幹有功，東王楊秀清便處處壓制、羞辱他。接著更發生了幾件事：

一．第一件事：削兵權

楊秀清先是在北王府發號施令調兵遣將。而後，下令將韋昌輝的軍權轉交給翼王石達開。將保衛國都天京的指揮部由北王府改設於翼王府。不久，楊秀清又將他調離天京，派到湖北去任督師，剛出京城，又被調回，改派石達開前去。

二．第二件事：查失職

位於南京城東長江路的太平天國天王府舊址。

太平天國聖寶鎮庫錢，正面為太平天國。

太平天國甲寅四年二月發生了「激辯水營」事件——「韋昌輝派部下張子朋乘船上犯湖北，張子朋性情兇狠，因為爭船隻，責打水營多賊，眾心齊叛。」楊秀清以此追究韋昌輝的失職責任，將韋昌輝打了數百杖，幾天都不能起床。

三．第三件事：殺兄長

韋昌輝的哥哥與楊秀清的妻兄為爭奪房屋發生爭執，大舅子楊秀清很生氣，要殺了韋昌輝的哥哥。而且還不親自動手，要求韋昌輝親自治罪。韋昌輝被逼無奈，給自己哥哥定了個五馬分屍的死罪。

從這幾件事可以知道，韋昌輝對楊秀清充滿刻骨的怨恨。那麼，表面上韋昌輝是什麼反應呢？一般情況下，哪裡有壓迫，哪裡就有反抗。韋昌輝卻大不一樣，他越是受到東王的壓制和羞辱，越是對東王畢恭畢敬百依百順。他能忍。

越恨，就越要裝出畏懼

百忍能成金。無數歷史經驗告訴我們，逞匹夫之勇的無一不是慘敗收場。韋昌輝就忍了下來，他越恨東王，面上就越做出一副畏懼的樣子。讓楊秀清以為自己的權威完全把韋昌輝震懾住了，被自己壓服。

相形之下，韋昌輝就奸猾多了。他有兩副嘴臉，一副迷惑楊秀清，一副給了天王洪秀全。在天王跟前，韋昌輝時刻表現出對領袖的忠誠和愛戴，以博取信任。尤其是楊秀清假託「天父」附身要杖打洪秀全時，韋昌輝捨身要代替受罰。這一點讓洪秀全很感動，又越發信任這個北王了。

因此，天王決定除掉楊秀清，是韋昌輝千載難逢的機會。他與石達開密議，要斬草除根，不但要誅殺楊秀清，還要誅殺楊秀清的三位兄弟楊元清、楊潤清和楊輔清。

可是，韋昌輝和石達開還沒商議妥當，楊秀清就已經敏銳地嗅到了殺氣。

我們知道，但凡生死關頭，先下手為強，後下手遭殃。當你確定危險步步逼近時，不應該是退縮，退縮只會讓自己像狗一樣逃竄，結局是像狗一樣被殺死。因此，最聰明的方式就是：迎上去打，讓對方措手不及！

楊秀清的方式則比迎上去打更勝一籌，他來了個釜底抽薪。怎麼幹的呢？他命令韋昌輝趕赴江西任督師，命令翼王石達趕赴武昌任督師。這樣，既瓦解了對方聯盟的力量，又讓危險遠離自己身邊。更關鍵是，北王和

翼王石達開。

翼王一離開，他就可以加害洪秀全，除掉天王，再回頭收拾韋、石二人，而後一統大權。

主意很不錯。接到詔令的韋昌輝和石達開不得不上了路。但楊秀清萬萬沒想到，就在他策劃伺機奪位、謀害洪秀全的時候，卻被他自己的心腹給出賣了。

行動開始

這個心腹是誰呢？

他就是陳承容。這個人加入太平天國很早，可他放棄高官的位置，甘願在東王府裡做下人，幹什麼呢？專職侍候東王的兩個兒子。他這麼做自然是有原因的，因為東王曾經杖責過他，由此他懷恨在心，表面上假裝對東王恭敬奉迎，久而久之，被東王視為可信的心腹。

這說明當別人妥協的時候，千萬別認為對方軟弱，那是對方靜待時機給你致命一擊。陳承容就是如此，他暗中向天王告密，說東王楊秀清稱了萬歲還不滿足，還要殺王篡位。不但告了密，陳承容還自告奮勇，說自己願意替天王殺賊。

得到通報的洪秀全，終於下了決心，他下密詔將韋昌輝、石達開，以及丹陽督師燕王秦日綱速回天京，共同誅殺東王楊秀清。

韋昌輝接到詔令，率領三千精兵，火速從江西趕回天京。與此同時，秦日綱也從江西趕回，和韋昌輝會合，密謀行動。

行動升級

公元一八五七年七月二六日夜，韋昌輝、秦日綱等人馬進京。這時候，陳承容奉天王密詔已經帶來一批人馬在城內接應。雖然守衛天京的是東王的直屬軍隊，但陳承容是東王的心腹，韋、秦二人又有天王的詔旨，因此沒人起疑，也無人阻攔。韋、秦的人馬很快控制了城內的重要地帶，並領重兵將東王府四周的街道包圍。這時已是凌晨，可憐的東王楊秀清太大意了，此時他還在夢中，即便不在夢中，殺局已定，他也無法幸免一死。

韋昌輝一聲令下，兵士殺入東王府，將東王府變成一片血海，然而，這場殘酷的殺戮才僅僅是個開頭。

殺戮行動一開始，韋昌輝就有自己的想法，他對東王仇怨太深，非要對其斬草除根後才快；還有一點很重要，他要獲得更大的權力，勢必就得將天京城內東王部屬和將士全部消滅。於是，他假傳了一條天王詔令——由於他和秦日綱濫殺東王親屬，天王杖責他

南京太平天國歷史博物館。

太平天國重要將領李秀成的佩劍。

們四百，並要東王部下前來監督。

東王的部下來了五千多人，親眼看著韋昌輝被杖打。這些前來觀看的將士都是繳了武器看現場直播的。眼見杖打是真，韋昌輝和秦日綱又極為順從，將士也就沒有任何警惕。此時，早已武裝到牙齒的韋昌輝部軍隊突然開始了圍攻和屠殺，把五千將士全部屠殺。緊接著，韋昌輝下令，對天京城內與東王有關的其他人員進行屠殺，不分文武、男女老幼，包括嬰兒也不放過。

這場大屠殺持續了兩個月，從天京城門推出來的太平天國文武官員、將士等兩萬多具屍骸，順江而下，把長江染得赤紅。

整座天京城變成一個恐怖的死亡世界。

就在這場屠殺開始的時候，石達開回到天京，他要求洪秀全立即制止韋昌輝的行為。意想不到的是，洪秀全竟然拒絕了他。為什麼呢？因為洪秀全是在利用韋昌輝。

借刀殺人

《石達開自述》中說：「故意加封楊秀清為萬歲，激韋昌輝動手。總之利用楊秀清和韋昌輝的矛盾借刀殺人，殺死楊秀清和東王闔府，甚至使用聖旨誘殺楊秀清餘部。」

如果是這樣，韋昌輝設苦肉計誘殺五千將士的行動，是得到洪秀全認可的，那條杖責他和秦日綱的詔令，並非是假傳，而是出自洪秀全手諭。

石達開顯然沒有料到這一點，他以為洪秀全會支持自己，所以沒帶兵就進城了。可是當他和韋昌輝都見面後，他才發現自己的處境危險，連忙跳城逃走。

石達開出城後，要求洪秀全誅殺韋昌輝以謝國人，可洪秀全拒絕了他的要求。與此同時，以「反顧偏心罪」懸賞捉拿石達開的天王詔旨卻傳遍天國各地。

現在我們知道了，韋昌輝在這場血腥屠殺中，只是個報私仇兼奪權的執行者，洪秀全才是真正的元兇。他對付石達開與誅滅楊秀清的手段如出一轍——他想利用自己的聖旨加上韋昌輝的勢力，一舉除去石達開。

可以想見，假如石達開真的被誰取了首級去領賞，洪秀全一定會把殺石達開的責任和殺楊秀清的責任一樣推給韋昌輝，說自己是在韋昌輝的脅迫下下旨殺石達開的。於是石達開的「英靈」將為他順理成章地誅殺韋昌輝作最後一次貢獻。之後，洪秀全為了表示自己不忘功臣功績，大約也會照楊秀清之例辦理，把自己的某個兒子過繼給石達開，再弄個「翼升節」什麼的。於是乎，大家都會說天王英明，翼王可惜。

然而，石達開在天國軍民中的極高威望，是洪秀全沒料到的。舉國軍民拿著捉拿懸賞的聖旨當草紙，各地軍隊紛紛支持石達開舉靖難之旗。當甯國告急，石達開暫緩討伐韋昌輝，先退清兵之時，他的威望已經達到最高點。而也就在石達開開赴甯國援助陳玉成的前後，向天京方面發出通牒，再次公開要求殺韋昌輝以順民心，並聲稱如若不然，將提靖難之師打回天京以清君側。

眼見借韋昌輝殺石達開的計策落空，洪秀全只得清理門戶，表現一下自己的「正義的姿態」。

韋昌輝被剁成肉塊

夏曆十月初五，洪秀全親自帶兵，借城外翼王大軍的聲勢，向亂黨韋昌輝發起進攻，韋昌輝根本無力抵抗，到了最後，死命追隨他的人員只有二百餘人。這些也被全部殺死，韋昌輝被活捉。他的父親韋元玠及全家老小全部被殺，只有他的弟弟韋俊此時在武昌與清軍作戰得以幸免，而後，韋俊投降了清軍。

韋昌輝被活捉後，天王下令將他五馬分屍，並割下他的首級

太平軍和清軍水師在南京城外長江中作戰。

送到翼王石達開的軍中，以接石達開回京。為了一泄天國軍民的憤怒，天王再次下令：將韋昌輝的屍體剁成肉塊，每塊兩寸見方。懸掛在天京城內格柵示眾，上面標明：「北奸肉，只准看，不准取。」

可誰是幕後真正黑手？答案我們已經知道了。

這場史稱「天京事變」的太平天國叛亂雖然平息，巨大的損失卻已無法彌補。咸豐三年，公元一八五三年六月，太平天國形勢一片大好，然而，東王遭屠殺，韋昌輝被剁成肉塊，成為太平天國迅速衰落的轉捩點。太平天國敗於內訌，死於天王之手。

一八五三年太平軍奇襲天津城，當年清軍守衛天津城時使用過的大鐵炮。

奪位

斧聲燭影疑雲重重

開寶九年，公元九七六年一〇月一九日晚上，宋太祖趙匡胤突然命人召晉王趙光義入宮。趙光義趕到後，宋太祖退下左右侍從，獨自與趙光義酌酒對飲。守在殿外的宦官和宮女遠遠看見殿內燭火搖晃不定，趙光義的人影突然離席起身，擺手後退，似在躲避和謝絕什麼。不久，便聽見宋太祖手持柱斧戳地，「嚓嚓」一斧聲清晰可聞，同時大聲喊道：「好為之，好為之。」兄弟二人飲酒至深夜。趙光義告辭兄長出去後，宋太祖才解衣就寢。

然而到了次日凌晨，宋朝的開創者太祖忽然離奇駕崩，年僅五十歲。

這是歷史上稱為「斧聲燭光」的其中一種說法。這種說法出自宋代文瑩的山林老僧名為《湘山野錄》的書裡。

事實上，在官修的宋史上，關於趙匡胤之死，都是語焉不詳的。官修宋史語焉不詳的原因只有一個，那就是自宋太宗趙匡義以後的北宋皇帝都是由太宗一支人繼承有關。這些人既不願說清事實，又不好胡編歷史，最妙的辦法就是繞過去。

那麼，一〇月一九日那夜究竟發生了什麼？趙匡胤真正的死因是什麼？

首先，我們看《湘山野錄》裡的第一句「宋太祖突然命人召晉王趙光義入宮」。這顯然就出現了一個疑問，為什麼宋太祖突然召趙光義入宮？而且時間是深夜。有什麼重要的秘事非要這時候談？

再看後一句，「趙光義趕到後，宋太祖摒退了左右侍從，獨自與趙光義酌酒對飲。」這裡也有兩個疑問，一是二人深夜見面，難道就僅僅是為了喝酒？二是，即便是只為了飲酒，為什麼要摒退左右侍從？只有一個答案，就是有重要秘事要談，到底是什麼事呢？

接著看「宋太祖手持柱斧戳地，『嚓嚓』斧聲清晰可聞」。什麼是「柱斧」？並不是用來砍人的斧頭，而是一種可以把玩於手中的文具類用品，形狀似一支輕巧的如意。由玉或水晶製成。君主一般用這東西在圖紙上勾畫，拿在手中正合適。

宋太祖不是長臂猿，他要拿「柱斧」這玩意兒戳地，就得蹲下身來。這就更奇異了？兩個人喝著酒，怎麼就忽然拿「柱斧」戳地呢，還發出清晰的「嚓嚓」聲？一邊戳還一邊喊「好為之，好為之」。關於這句話，有的解釋是「好做」，有的解釋是「好好幹」。做什麼？幹什麼呢？

「好為之，好為之。」

由於這些諸多疑點，便有了趙光義毒死兄長一說。尤其是

宋太祖趙匡胤。

「趙光義的人影突然離席起身，擺手後退，似在躲避和謝絕什麼。」很容易讓人聯想到這樣一幕——趙光義在酒裡下了毒，趙匡胤喝下，毒性發作，他順手抓起「柱斧」戳向趙光義，但已經沒有足夠的力氣，於是身子一軟蹲下，也可能是倒下或趴下，手裡還拿著「柱斧」在地上痛苦地戳著，口中喊道：「好為之，好為之。」而趙光義驚慌離席起身，本能地躲避。

如果是這樣一種情形，趙匡胤在說「好為之」這句話的前面，篤定有一段趙氏兄弟間的談話。談話內容會是什麼呢？應當是趙光義請求趙匡胤死後將皇位傳給自己，當然，這請求中帶著威逼。趙匡胤猶豫憤怒間，毒性發作，這一刻他感覺生命走到了盡頭，萬般悲憫無奈地說：你當繼位吧，你好好做，好好幹。

這一幕並非是空穴來風的主觀臆想。從「斧聲燭影」事件前後，就可以得到一些依據。

殺人證據

首先說說趙光義，他在開封府擔任府尹，長達十六年。在這之中他培養了自己的大批黨羽，在他的旗下，有精通吏術的宋琪、有能言善辯的程羽、有文武雙全的賈琰。可以說是人才濟濟。而且趙光義本人禮賢下士，善於交友，情商和智商都很高。所以他的勢力不僅大，

而且在朝中是根深蒂固。

程德玄答：「前夜二鼓時分，有人在我家大門口喚我出去，說是晉王召見，但我出門一看，沒人。反復三次，確實沒人。我擔心晉王生病，就來開封府探視，剛到門口，就瞅見您了。」

請特別注意這兩句對話，程德玄說：「前夜二鼓時分，有人在我家大門口喚我出去」。然而，接著又說，沒看到呼喚的人。那麼，這個「人」是否存在，只有程德玄自己最清楚。二人這番對白，想表明的是，雙方只是偶遇，而非事先約定。欲蓋彌彰。這裡有一種很大的可能性，就是趙光義早就收買了王繼恩。雖然宋朝沒有宦官干政的現象，但這並不能低估宦官的身份。趙光義素來與內侍大臣關係密切，而王繼恩是個審時度勢的人，在儲君的候選人中，他知道趙光義的實力是超強的。如果他幫助趙光義，便有機會獲得擁立之功。所以，他違背宋皇后的懿旨，直奔開封府。

王繼恩和程德玄念完台詞後，一同進入開封府，去見趙光義。此時又出現一個極大的疑點——凌晨時分，趙光義

有史學家指趙光義謀殺趙匡胤奪位。

居然還未就寢。這無疑說明他在等待大事的來臨。他聽說兄長趙匡胤暴亡，立刻做驚異狀，猶豫著不肯前往皇宮，提出要和家人商議。如此緊要的大事，又是危急關頭，和家人商量什麼呢？家人又不能參與朝政。很明顯，趙光義在作秀，他邊說邊走進內室。

這時候王繼恩著急了，他說了一句話：「時間久了，恐怕被別人搶了。」這句話完全暴露了實情。「時間久了」是指什麼？宋皇后派他出宮，久不見他回，必定派其他人去召皇子趙德芳。其次，「恐怕被別人搶了」這個「別人」是誰，「搶」什麼？這個關頭，王繼恩口中的「別人」除了趙德芳還會有誰呢？除了「皇位」還有什麼可以搶的呢？

趙光義即位為宋太宗後，以弟弟趙廷美為開封尹兼中書令。

再其次，「搶」的意思就是奪，這也從一個側面表明，趙光義早有奪取皇位的野心和計畫。這句話，也可以進一步推斷，王繼恩是趙光義在宮中的耳目，早已被收買。此刻他唯恐生米煮不成熟飯。

趙光義精心策劃的謀殺案

同時，王繼恩這句話也透露了另一個事實——據《宋史・程德玄傳》記載，王繼恩是帶著宋太祖的遺詔來找趙光義的，這顯然是個漏洞，如果是這樣，王繼恩就不會說出「時間久了，恐怕被別人搶了」的話了。關於這一點，在司馬光的《涑水紀聞》中，也只說是王繼恩自己決定去找晉王的，沒有提到遺詔一說。

在王繼恩的催促下，趙光義等三人冒著風雪趕往宮中。到了皇宮殿門外，王繼恩請趙光義在外稍候，自己去通報。程德玄卻主張直接進去，不用等候。說完就與趙光義一同闖入殿內。

宋皇后得知王繼恩回來了，開口問：「德芳來了嗎？」

王繼恩回稟：「晉王到了。」

宋皇后暈眩。此刻，趙光義已出現在她跟前。二十五歲的宋皇后，雖然是個年輕的皇后，但出身名門，位主中宮，多少瞭解一些政事，心裡知道，一切都完了。她哭著對趙光義說：「我們母子的性命都託付於官家了。」這句哭訴中有一個頂要緊的詞——「官家」。這個詞取義於「三皇官天下，五帝家天下」，是五代到宋朝對皇帝的稱呼。「三皇」是指伏羲、女媧、炎帝，「五帝」指黃帝、顓頊、帝嚳、唐堯、虞舜。

宋皇后這樣說，就是承認趙光義做皇帝了。

趙光義什麼反應呢，他故作悲傷，淚流滿面地說：「共保富貴，不用擔心。」

至此，趙光義搶在侄子趙德芳之前登基為帝。而太祖之死，蹊蹺離奇。從公元九七六年

十月十九日夜另外幾個疑點，和趙光義登基後的一系列舉措，都不能不讓人猜測和推斷，所謂「斧聲燭影」之謎，就是趙光義精心策劃毒死兄長趙匡胤的一樁謀殺案。

疑點重重

疑點一，既然趙光義已經買通了宦官王繼恩，為何又要程德玄在府門外等候？是為了和王繼恩接頭嗎？不，他另有打算。我們知道，這個程德玄是精通醫術的，趙光義毒殺趙匡胤離開宮中時，趙匡胤即便毒性已發作，但還沒有咽氣。因此，趙光義必須保證萬無一失，一旦趙匡胤不死，他還可以帶上程德玄前去，以醫治為名再次下手。

疑點二，趙匡胤突然命人召晉王趙光義入宮，並且摒退左右侍從，獨自與趙光義酌酒對飲。

為什麼突然召趙光義，這一點令人百思不得其解。如果可以推

宋代宮中鬧元宵圖，鬧元宵為北宋重要的風俗之一。

宋代地圖。

測，那麼有一種可能——不是趙匡胤夜裡召趙光義入宮，而趙光義主動求見，才應召前去。這時候，他剛從洛陽回來，便開始實施他的謀殺計畫。他攜帶準備好的毒藥到了宮中，在對飲中趁機將毒藥投到趙匡胤的酒中。趙匡胤之所以摒退左右侍從，並非是要和趙光義獨飲，而是有重大秘事要和趙光義交談，這個秘事，最大的可能就是誰來繼承自己的皇位。

再看趙匡胤死後，趙光義的一系列舉措。

舉措一：是我們熟悉的「金匱之盟」。太祖趙匡胤死得不明不白，趙光義為了顯示自己即位的合法性，便拋出其母杜太后的遺命——在杜太后臨終之際，召趙普入宮記錄自己的遺命。據說當時太祖也在場，杜太后問太祖何以能得天下？太祖說是祖宗和太后的恩德和福蔭。杜太后說：「你想錯了，若非周世傳位幼子，使得主少國疑，你怎能取得天下？你當汲取教訓，他日帝位傳光義，光義再傳光美，光美傳於德昭，如此，則國有長君，乃是社稷之幸。」

太祖聽完這番話，哭泣叩拜。杜太后便讓趙普將自己的遺命寫為誓書，藏於金匱之中。

這個「金匱之盟」，年代久遠，充滿迷霧。兄死弟及皇位並沒有先例，趙光義當皇帝名不正，言不順。然而，他既然當了皇帝，也就掌握了篡寫歷史和引導輿論的權力。因此，所謂的「金匱之盟」，很有可能是趙光義的杜撰。

再看後面的舉措，更加深了關於這一點的推測。

舉措二：趙光義一即位，立即詔趙普入朝，任太子太保，在京師供職。

舉措三：趙光義即位為宋太宗後，先是大赦天下，以弟弟趙廷美（趙光美，為避諱改名為廷美）為開封尹兼中書令，封齊王，宋太祖和趙廷美的子女，均與趙光義的子女並稱為皇子皇女。宋太祖的舊部薛居正、沈倫、盧多遜、曹彬和楚昭輔等人也都加官晉爵。顯然，這是在剛剛登基、根基還不穩的情況下，所做出的安撫人心、消除動盪之舉。

舉措四：一即位就迫不及待地改年號為「太平興國」，而根據慣例，新皇帝即位，都是次年才改用新年號紀年。為什麼宋太宗打破常規，將只剩下兩個月的開寶九年改為太平興國元年呢？這愈發說明他心懷鬼胎，要搶先為自己「正名」，以期造成不可逆轉的既成事實。

此外，關於「斧聲燭光」中，趙光義毒殺兄長趙匡胤的動機問題。有一種觀點，並不認為趙光義是因為奪取皇位而殺死趙匡胤的，而是另有原因——為了花蕊夫人費氏。這位花蕊夫人是後蜀後主孟昶寵妃，精通詩詞，才貌兼備。後蜀被宋滅後，孟昶與花蕊夫人都被俘虜，押送到開封拜見宋太祖。七天後，孟昶暴斃，有些史家認為是被宋太祖毒死。宋太祖趁機將孤苦無依的花蕊夫人收入宮中。因為久聞花蕊夫人才名，宋太祖要她即席吟詩。花蕊夫人沉思片刻，吟道：「君王城上豎降旗，妾在深宮哪得知；十四萬人齊解甲，寧無一個是男兒。」頗有骨氣。反而讓宋太祖大為傾倒，封花蕊夫人做了妃子。

花蕊夫人入宋宮但不忘故主，繪孟昶畫像私掛奉祀。每當夜深人靜的時候，就拿出孟後主的畫像流淚訴說思念之情。此事被宋太祖入宮看見追問，花蕊夫人急中生智說：「所掛張仙，送子之神，蜀人皆如。」宋太祖這才未追究。不久，這張仙送子的畫像從宮中傳出，連民間婦女要想生兒抱子的，也畫一軸張仙，香花頂禮，至今不衰。

趙匡胤迷戀花蕊夫人費氏，從而懈怠政務。趙光義多次向趙匡胤進諫，而趙匡胤置若罔聞。於是，趙光義在隨趙匡胤到後苑騎獵，花蕊夫人侍駕隨行時，趙光義引矢瞄準走獸，突然回弓引滿而射，花蕊夫人一聲慘叫，當場斃命。

所以，趙光義不可能在宮中調戲花蕊夫人，更不可能被哥哥趙匡胤發現，提起斧頭將之砍死。

因此，如果撲朔迷離的「斧聲燭影」的事件，就是趙光義毒殺趙匡胤，那麼，就只存在一個動機——趙光義要奪取皇位。

畫宮中仕女宴飲奏樂場面。

終局

宋光宗的死亡筆記

古時，人人都想做太子。然而，從太子到皇帝的這條路上，看似近在咫尺，卻又遠似天涯。以下是有「庸君」之稱的南宋第三位皇帝宋光宗當仍是太子時的心底話，從中我們可以透視他如何在宮中的爾虞我詐中苟且偷生：

作為太子，我一直感覺非常危險。首先，言行要謹慎，稍一疏忽，不但諸君之位不保，還有可能招來殺身之禍。

我的父親宋孝宗趙昚一共有四個兒子，長子鄧王趙愭、次子慶王趙愷、三子就是我趙惇，當時為恭王。我還有一個弟弟，早早地夭折了。

父皇孝宗早先立趙愭為皇太子，可他當了皇太子沒多久就病故了。他一死，當重立太子。慶王趙愷和我同為嫡出，按照禮法，當立年長的慶王為太子。可我沒想到，父皇孝宗認為慶王趙愷的秉性過於寬厚仁慈，而我「英武類己」。於是，父皇決定捨長立幼，於乾道七年，也就是公元一一七一年二月，立我為太子。

可是，在十幾年的東宮生活中，我沒有一天是快樂的，沒有一天不感到壓抑，我緊張局促，小心翼翼當了十幾年的孝子。對父皇畢恭畢敬。可是，年過不惑，仍不見父皇有傳位於我的意向。

終於，在淳熙十四年，公元一一八七年十月，我當上了皇帝，可是沒多久，我就瘋了。我是怎麼瘋的？這對世人來說，是一個謎。

宋光宗。

「神算」

世人都認為，是我的皇后李氏把我逼瘋的。但人們不知道，李氏只是加劇了我的病態心理。也就是說，在李氏當上皇后之前，我的心理就已經不正常了。

先說說我的這位李皇后。她出身武將之家。據說她出生的時候，她父親李道的軍營前有一隻黑色鳳凰棲息。我認為，這僅僅是一個傳說。可就因為這個傳說，李氏被她父親取名叫「鳳娘」。

鳳娘十多歲的時候，府上來了一個自詡善於相面的術士皇甫坦。李道命女兒鳳娘拜見，皇甫坦故作驚詫地說：令愛將來必貴為天下之母，在下怎敢接受她的拜禮。

誰能想到呢，皇甫坦這一句莫名其妙的預言，後來成了李道的段子。紹興末年的時候，他受到我祖父高宗的接見，便把女兒出生的傳說和皇甫坦的預言，天花亂墜地吹嘘了一番，對高宗說，這就是我要為陛下推薦的孫媳婦。

孝宗皇后謝氏。

我祖父高宗也很迷信，居然信了李道的話。就這樣，李鳳娘成了眾人皆知的恭王妃。

捲入旋渦中心

說實話，我身份為恭王的時候，李鳳娘還是相當安分守己的。可是，在我被立為太子後，作為太子妃的李鳳娘，漸漸暴露出她野蠻驕橫的本性，常常在我祖父高宗、父親孝宗和我之間挑撥是非，到高宗那裡說我父皇的壞話，說父皇為我選的左右侍臣不好，在父皇面前又嚼我的舌頭。

我有苦難言，我的婚姻生活沒有丁點兒幸福可言，我討厭這個女人，我的祖父高宗也討厭這個女人，他認為自己受了皇甫坦的欺騙，顯然他後悔自己批准了這門親事。我父皇孝宗則更加厭惡這個女人，他屢次警告鳳娘，說你該學學太上皇后的后妃之德，若再插手太子事務，朕寧可廢掉你！

那時候，我惶惶不安，我害怕父皇因為厭惡這個女人，從而遷怒於我。我的太子地位將朝不保夕，要知道，東宮歷來都是政治鬥爭旋渦中心。

好在李鳳娘知趣，在父皇的訓斥和勸諫下，有所收斂。可是，我哪裡能想到，這個女人陽奉陰違，她心裡非但沒有接受，反而從此對父皇埋下了深刻的怨恨。

原來愛上賊

她確實是一個壞女人。為什麼這麼說呢？

我可以從三方面來說明她的壞：

傲慢無禮

她一向對我父皇孝宗和皇后謝氏無禮。有一次，皇后謝氏規勸她要注意禮儀。誰知她不但不接受，反而勃然大怒說，我是官家的結髮妻子。這句話太狠了。因為謝氏並不是我的生母，她是由嬪妃冊為中宮的。李鳳娘此等惡毒的諷刺讓在場的父皇氣得七竅生煙。以前父皇還指望規勸訓斥能有效果，現在他徹底絕望了。

殘忍毒辣

有一次，我洗手時，看到為我端盥盆的宮女一雙手，這雙手纖細柔嫩，精巧可人，引我長久注視。不料，這情景被李鳳娘看在眼裡。幾天後，她派人送來一個食盒。我打開盒子一看，嚇得險些昏厥過去——盒子裡裝的竟是端盥盆宮女的一雙手。我的精神受到嚴重刺激，

很多天，一閉眼，那雙血淋淋的纖細小手就在我面前晃。

嫉妒怨恨

李鳳娘對待一個宮女尚且如此，可想而知，對於我寵愛的嬪妃，她會有多狠。我感覺，她對我身邊的所有女人都充滿了濃郁的嫉妒和怨恨。還在東宮的時候，父皇賜給我一名叫黃氏的侍妾。我很寵愛黃氏，即位以後，我晉升黃氏為貴妃。這讓李鳳娘妒火中燒。只怨我不夠警覺，總想她恨也罷，怒也罷，總不至於加害黃貴妃吧。但我想錯了。那一天，我出宮祭祀，回到宮中，李鳳娘派人來通報我，說黃貴妃突發疾病暴死身亡。我驚駭無語，悲痛至極，眼淚就流下了。我心裡明知道這是李鳳娘下的毒手，可是我沒有證據，我無力去質問她，我的勇氣湮沒悲傷中，我覺得無比虛弱。面對這突如其來的打擊，我怎麼可能不瘋？

知道這個李後多麼壞，多麼毒辣了吧。

「邪惡影子奪我性命！」

我的父皇孝宗曾經和老臣史浩秘密商議，要廢黜這個該死的皇后。可是，老臣史浩認為，廢后的舉措會引起天下的議論，使政局不穩。

宋孝宗。

如果當時父皇不聽從史浩意見，也許我的病也不至於越發嚴重。可惜，歷史沒有也許，沒有如果。我的精神恍惚，時而清醒，時而混沌。有時候我自己也不知道身在何處，在說什麼，在做什麼。

父皇為了給我治病，四處搜集民間秘方，照方開藥，本來想派人給我送來，但又怕李鳳娘阻攔，便打算等我到重華宮問安的時候，再讓我服用。

萬萬沒想到，父皇的這個安排，竟讓李鳳娘以為父皇要毒害我。她極力勸阻我別去重華宮。別以為她這是為我著想，她是為了她自己。因為，在此之前，父皇不同意立我們的兒子嘉王為太子，所以李鳳娘耿耿於懷，怕自己的皇后地位不保。在一次宴會上，李鳳娘公然責問父皇，她理直氣壯地說，我是你趙家明媒正娶，嘉王是我親生的，為什麼不能立為太子？我父皇氣得拂袖而去。

這之後的一年裡，我不願去重華宮見父皇了。

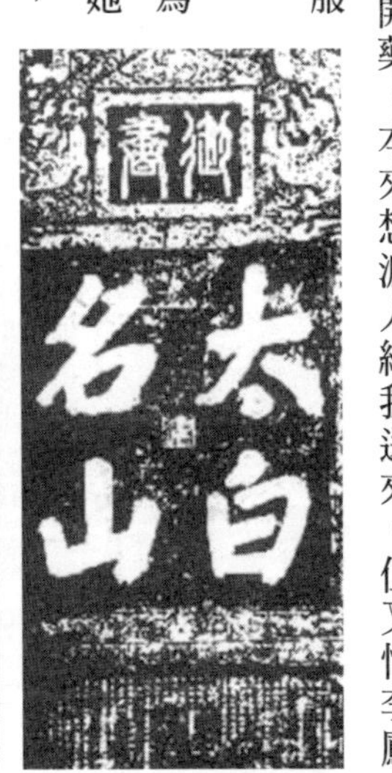

宋淳熙五年（一一七八年），宋孝宗賜天童寺「太白名山」四字。

宋孝宗蔡公貼。

因為李鳳娘不斷絮叨她的猜疑，她總是說我父皇要謀害我，這恐嚇猶如咒語，讓我不得安寧，醒著做噩夢，滿口囈語。就在黃貴妃「暴死」當晚，父皇來看望我，我感覺他就像一個邪惡的影子，要奪我性命。我昏厥過去，人事不省。

據說，我父皇見此情景，又急又氣，召來李鳳娘，訓斥她，說你沒好好照顧皇帝，所以他病成這樣，他一旦有不測，我滅了你李家。

廢黜危機

接著，父皇還囑咐丞相留正，讓他勸我保重身體，如果我不聽，就等我到重華宮時，他親自規勸我。

幾天後，我病情有所好轉，李鳳娘卻向我哭訴，她說你身體欠安，太上皇就遷怒於臣妾，打算誅滅臣妾全族，臣妾有什麼罪過啊。

哭訴完，她還告訴我，我只要一去重華宮，父皇就會將我扣留，從此不讓我離開。我再次感到恐懼，我想起過去在東宮擔驚受

萬年寺位於浙江省天台縣萬年山麓，它發端於東晉，始建於唐。南宋時曾列入五山十-，興極一時。宋孝宗問天下名山名寺哪裡最好學士宋之端答道太平鴻福，國清萬年。

怕的日子，我有強烈的預感，父皇要將我這個皇帝廢黜。這個感覺讓我再也不敢前往重華宮了。

在這個問題上，大臣們也曉之以理、動之以情地勸諫我，勸得多了，我也曾動心前往重華宮。便去和李鳳娘商量，李鳳娘總是危言聳聽，我始終未能成行。

大臣們繼續苦勸，有一次我差點就動身了，可李鳳娘從屏風後突然殺出，對大臣們河東獅吼道：你們這些秀才要砍了驢頭嗎？

很多大臣不敢再言聲。只有宗室趙汝愚繼續勸諫。他是我最信任的大臣，可我還是猶豫，對他的勸諫我是「出聞其語輒悟，入輒複疑」。

就這樣，關於過宮一事，李鳳娘的挑撥阻攔和大臣的勸諫，讓我在猶疑不決中反復煎熬。我的精神在夾縫中擠壓，我怎麼可能不瘋？

從紹熙三年始，我已經無法處理朝政。一應事務都由李鳳娘代勞。所謂「政事多抉於后」。李鳳娘掌握了大權以後，卻沒有興趣參抉朝政，她的心思都用在為她娘家人撈好處上了。她封娘家三代為王，她的侄子孝友、孝純官拜節度使。有一次，李鳳娘歸謁家廟，竟然將她的一百七十二個親屬都授為使臣。連她府上的門衛都補了官。這種濫施官職的行為，在南宋時期是前所未有的。

如此一來，李氏一門的權勢越來越大，他們擁有巨額的財富，家廟的衛兵比太廟的還多。他們僭越規制，氣焰十分囂張。

而這一切，都是我這個精神時而正常、時而反常的瘋皇帝所賜。

高處不勝寒

再羞於啟齒我也要說，在兩宋歷史上，患有精神障礙的皇室子弟並非我一個。太宗的弟弟趙廷美、太祖的長子趙德昭、太宗長子趙元佐和六子趙元偓，他們的死都和精神疾病有關。

我要告訴你的秘密是，我的精神疾病和心理因素有關。當然，你會問，一個精神病人怎會如此條理清晰向你講述這一切？

原因很簡單，這是我無從訴說的心裡話。在冰冷危機四伏的皇宮裡，作為皇帝其實比誰都孤寂，什麼叫高處不勝寒？就是沒有一個可以真心交流、可以毫無保留傾訴的物件。我精神錯亂時，瘋言瘋語；偶爾正常時，我便體味到無盡的悲哀和痛苦。一切恐懼壓抑的經歷，無處發洩，只能在心裡說給自己聽，說給多年後的你聽。

誰是兇手？

我說過，我的病態心理並不是李鳳娘一手造成的，她的所作所為只不過是加劇了我的病變。真正讓我患病的，是我的父皇孝宗。在他將我立為太子後，我便一直渴望早日登上皇位。我勤奮好學，謹小慎微，一舉一動嚴守禮法。生怕不小心做錯事，說錯話得罪了父皇，或是成為皇位競爭者的把柄。我每日都要看父皇的臉色行事，父皇情緒好時，我也「喜動於色」；父皇情緒低落時，我也「愀然憂見於色」。總之父唱子和，討好中伴隨著緊張。我相信，這種感受，對於如今渴望出人頭地、兢兢業業往上爬的小公務員們來說篤定很熟悉。

可是，就這樣殫精竭慮地在東宮做了十幾年乖太子、大孝子。直到我年過不惑時，父皇還沒有半點要傳位的意思。

我有些把持不住，終於忍不住開口試探。我對父皇孝宗說，我的鬍鬚已經開始白了。有人送來染鬍鬚的藥，我卻沒用。

哪知道這話一說，父皇就聽出我的弦外之音。他當即回復道，有白鬚好，正好向天下顯示你的老成。還用得著什麼染鬚藥啊！

從此，父皇的威嚴在我心裡烙下某種不祥的陰影。什麼不祥

李鳳娘

呢?就是總有被廢黜的預感,總有到頭來一場空的宿命感。

於是,我決定去求很疼愛我的祖母,就是我祖父高宗的吳皇后,我的太皇太后。我多次宴請太皇太后品嘗山珍海味。太皇太后知道我的心思,她在恰當的場合多次暗示我的父皇,讓他早點將位傳於我。可父皇仍不為所動,遲遲不肯讓權。這使我產生種種猜測,終日疑慮不安。

淳熙十四年,公元一一八七年十月,我祖父高宗駕崩。這時候我的父皇已經六十多歲了。他終於萌發了禪位於我的想法。這個想法,並不是出於愛我、信賴我,或者器重我。他萌生這一想法只有兩個原因:一、他年逾六旬,感到恢復中原力不從心;二、我祖父高宗曾禪位於他,他一直心存感激。

所以,祖父高宗駕崩後,他沒有實行為先帝服喪以日代月的慣例,而是堅持守喪三年。這樣,既表明他的孝心,又脫離了繁瑣的朝政事務。

兩年後,也就是淳熙十六年二月,我終於迎來了內禪大典。父皇高宗退居重華宮。即位之初,我效仿父皇侍奉太上皇的先例,每月都會去重華宮朝見父皇四次。可是,每一次見到父皇,我仍然惶惶不安,父皇曾經的權威是我永遠抹不去的陰影。

漸漸地,我不願再去重華宮,我不斷找藉口疏遠回避與父皇見面。

大臣們因此議論紛紛。說高宗在世時,每逢出遊,我的父皇必會隨行,而我卻只顧自己遊樂。這等奏章父皇看了以後自然是勃然惱怒。恰在此時，我又不小心打碎了父皇賜給我的玉杯。宦官回到重華宮就搬弄是非，說我見到父皇的賞賜就很氣憤，故意摔碎了玉杯。父皇居然信以為真，也不想想，我怎麼會得到賞賜反而憤怒呢？

父皇覺得我沒有禮數。太學生們還寫下《擬行樂表》，其中兩句說「周公欺我，願焚《酒誥》于康衢；孔子空言，請束《孝經》於高閣」，以諷刺我尊孝道。

這時候，在立嘉王為儲君的問題上，父皇再一次顯示出他的霸道，他不許我立嘉王為太子。這使我們父子的矛盾更為深刻。

我惱怒，我壓抑，我怨恨，我從未有過自主權，從小到大，就生活在父親威嚴下，從來都受人牽制，從來就沒有自己的位置。包括該死的李鳳娘，也並非我願意娶的，那是身為祖父的太上皇高宗一手安排的。如果說李鳳娘是一粒苦果，那也是祖父一手栽下，讓他的兒子、孫子，飽受其苦。

所以，你知道了吧，我的疾病，是父皇賜予我的。我和他之間的感情，就像那只不小心打碎的玉杯。

時刻擔心遭暗算

紹熙五年六月，我的父皇孝宗駕崩。喪事由我祖母太皇太后一手操辦。大臣們對此充滿疑惑，都想知道為什麼我不主持父皇的喪事。真實的原因我沒說，怕他們不敢聽。因為我總感覺父皇沒死，他是裝的，他精心設置了一個篡奪我皇位的圈套。

你一定認為我這想法可笑。而當時我卻嚇得大汗淋漓邁不動道，我窩在深宮裡，時刻擔心遭人暗算，於是帶弓佩劍用以自衛。可是，就在我終日提防父親的時候，我的皇位卻被我的兒子嘉王取代了。因為我的所作所為在群臣看來，是病情惡化的表現，他們認為，如此下去政局將動盪不安。據說，他們無法容忍我這個瘋子皇帝。

於是，在紹熙五年，公元一一九四年七月，以趙汝愚、趙彥逾為首的宗室大臣開始密謀策劃，決定擁立我的兒子嘉王為新君。他們說服了殿前指揮使郭果，取得了禁軍統率權，暫時控制了軍隊，同時聯絡外戚韓侂胄，讓他爭取太皇太后的支持，使所謂的「內禪」名正言順。

這裡還有一件事，就是我的一封御筆書信，上疏八個字「曆事歲久，念欲退閑」。我要說，這是仿造的，我沒有寫過這樣的書信。這根本不是我的心意。試想，如果我真有遜位之意，趙汝愚、趙彥逾等人何必瞞著我，去請求太皇太后的支持。毋庸置疑，這是一個陰謀。

在他們秘密的「內禪」工作準備就緒後，太皇太后下詔，以我的御筆親書「曆事歲久，念欲退閑」為名，說皇子嘉王可即皇帝位，尊我為太上皇。

他們得逞了，一場身披合法外衣的宮廷政變圓滿成功，我的兒子嘉王登基，是為宋甯宗。我被遺棄了，與我一同被遺棄的，還有我那個可惡至極的皇后李鳳娘。即便她曾再潑辣再強悍，此時也無計可施。

兒子嘉王登基對我的打擊很大。我終日擔心被父親廢黜，到頭來卻被兒子奪去皇位，這是天下最黑的一個玩笑，這是上天無情的嘲諷和捉弄。

很長一段時間裡，我無法接受兒子登基的事實，我不相信這是真的，我不肯搬到太上皇的寢宮。我仍然住在皇宮裡，終日飲酒，只有酒精才能稍稍緩解我心中的抑鬱和痛苦。這時候，李鳳娘也彷彿變了個模樣，她再也不像以前那樣咄咄逼人。也許，她看到我有一種同病相憐的感覺。她陪我飲酒，照料我，完全不似過去那個刁蠻、工於心計的她。

死亡筆記

看得出，她也很苦惱。曾經術士皇甫坦戲言，說她會母儀天下。後來她果然當了皇后。由此，她對術士的話深信不疑。不久，她聽術士說，將有厄難降臨到自己頭上，便找了一處僻靜的居室，獨自居住吃齋念佛，以求神靈保佑自己度過危難，保住平安。

可是，她過去作惡太多，她越想求個心安理得，心裡越是備受折磨。

慶元六年，公元一二〇〇年，李鳳娘在獨居的居室中染病。這時候，沒有人去照顧她。七月的時候，曾經顯赫專權的李鳳娘孤寂地死去。很多人都怨她平日為人兇狠，以至於宮人去宮中為她取禮服的時候，掌管鑰匙的人拒不開啟宮中殿門，結果禮服也沒取到。可憐的李鳳娘，死了之後，被宮人們用席子包裹著屍體，準備抬回宮中治喪。抬到半路上，突然有人喊了一嗓子：「瘋皇來了！」抬屍首的宮人們丟下李鳳娘遺體拔腿就跑。我是萬萬沒想到，我在眾人心目中，已像瘟疫和鬼魅一樣可怕。這讓我悲哀得無以言表。

李鳳娘的屍體在七月的驕陽下曝曬，散發出陣陣惡臭。過了好一陣，抬屍首的宮人才明白，不是我這個瘋皇出來了，而是有人痛恨李鳳娘，故意惡作劇地叫嚷。他們重新將屍首抬走。治喪時，宮人們放置了鮑魚，燃起數十餅蓮香，才能掩蓋住李鳳娘屍體的臭味。

面對李鳳娘的死亡，面對曾經的往事，面對被迫退位的事實，我失落，我悲憤，在兒子嘉王即位的整整五年時間裡，我一直拒絕和他見面，我無法原諒他。我固執地繼續居住在皇帝的宮殿中，始終不願意搬到專為我修建的泰安宮去。我時而發呆，時而自語，時而瘋瘋癲癲地在宮內跑來跑去，時而放聲痛哭。

終於，在慶元六年九月，也就是李鳳娘死後的兩個月，我走到了生命的盡頭。我的私房話，也是我的遺書。

禁宮心計

作　　者：博希
責任編輯：尼頓
版面設計：郭樂
出　　版：生活書房
電　　郵：livepublishing@ymail.com
發　　行：香港聯合書刊物流有限公司
地址　香港新界大埔汀麗路36號中華商務印刷大廈3字樓
電話（852）21502100
傳真（852）24073062
初版日期：2018年5月
定　　價：HK$88/NT$280
國際書號：978-988-13849-3-5
台灣總經銷：貿騰發賣股份有限公司
電話：(02) 8227 5988